中国古代著名文臣

徐 潜 主 编

吉林文史出版社

图书在版编目（CIP）数据

中国古代著名文臣／徐潜主编 . —长春：吉林文史
出版社，2013.4（2023.7重印）
ISBN 978-7-5472-1534-0

Ⅰ.①中… Ⅱ.①徐… Ⅲ.①历史人物-生平事
迹-中国-古代-通俗读物 Ⅳ.①K820.2-49

中国版本图书馆 CIP 数据核字（2013）第 063820 号

中国古代著名文臣
ZHONGGUO GUDAI ZHUMING WENCHEN

主　　编	徐　潜	
副 主 编	张　克　崔博华	
责任编辑	张雅婷	
装帧设计	映象视觉	
出版发行	吉林文史出版社有限责任公司	
地　　址	长春市福祉大路 5788 号	
印　　刷	三河市燕春印务有限公司	
版　　次	2013 年 4 月第 1 版	
印　　次	2023 年 7 月第 4 次印刷	
开　　本	720mm×1000mm　1/16	
印　　张	12	
字　　数	250 千	
书　　号	ISBN 978-7-5472-1534-0	
定　　价	45.00 元	

序　言

　　民族的复兴离不开文化的繁荣，文化的繁荣离不开对既有文化传统的继承和普及。这套《中国文化知识文库》就是基于对中国文化传统的继承和普及而策划的。我们想通过这套图书把具有悠久历史和灿烂辉煌的中国文化展示出来，让具有初中以上文化水平的读者能够全面深入地了解中国的历史和文化，为我们今天振兴民族文化，创新当代文明树立自信心和责任感。

　　其实，中国文化与世界其他各民族的文化一样，都是一个庞大而复杂的"综合体"，是一种长期积淀的文明结晶。就像手心和手背一样，我们今天想要的和不想要的都交融在一起。我们想通过这套书，把那些文化中的闪光点凸现出来，为今天的社会主义精神文明建设提供有价值的营养。做好对传统文化的扬弃是每一个发展中的民族首先要正视的一个课题，我们希望这套文库能在这方面有所作为。

　　在这套以知识点为话题的图书中，我们力争做到图文并茂，介绍全面，语言通俗，雅俗共赏。让它可读、可赏、可藏、可赠。吉林文史出版社做书的准则是"使人崇高，使人聪明"，这也是我们做这套书所遵循的。做得不足之处，也请读者批评指正。

编　者

2012 年 12 月

目 录

扶棺谏君——海瑞

公元 16 世纪的后半叶，正是明王朝由盛转衰的历史时期。内忧外患，各种社会矛盾错综复杂，并且日益尖锐激化。在这样的危机之下，仍不乏刚正奉公、爱子如民、光明磊落的清官——海瑞就是他们中的代表人物。海瑞不畏权贵，为百姓伸张正义，为世人所崇敬，千古流芳。

一、官僚世家,教子有方

公元 16 世纪的后半叶，正是明王朝由盛转衰的历史时期。内忧外患，各种社会矛盾错综复杂，并且日益尖锐激化。究其根源，在于封建专制的统治集团政治上的腐败、经济上的贪污、生活上的荒淫。他们鱼肉百姓，横征暴敛，民众处于饥寒交迫之中。但在官僚集团内部也有极少数人，他们为官清廉、刚正奉公、爱民如子，一生光明磊落；他们在仕宦生涯中不畏权贵，伸张正义，生前为世人所崇敬，去世后更为后人所仰慕。明朝嘉靖年间的海瑞，就是这样一位名声显赫的清官。海瑞出生于正德九年（1514 年），死于万历十五年（1587 年），字汝贤，号刚峰，回族，据说他取此名号志在终身刚直不阿，"一切以刚为主"，世人称之为刚峰先生。海瑞祖籍福建，南宋时期举家迁到广东番禺，明朝初年又迁到海南岛琼山县居所，后移居海口镇。

海瑞生长在一个封建官僚家庭，祖父海宽曾任福建省松溪县的知县，有子侄 5 人，海澄为进士，官至四川道监察御史，海澜、海鹏、海迈均是举人。海瑞的父亲海翰是个廪生，在海瑞 4 岁那年去世，留下孤儿寡母。海瑞的母亲谢氏 28 岁守寡，依靠祖上十余亩的租田为生，还要替别人做针线活，过着比较贫苦的生活。据《海瑞集》下册《与琼乡诸先生书》记载，海瑞的母亲"苦针裁，营衣食，节费用，督瑞学"。"督瑞学"说的是教海瑞读书。谢氏是封建时代典型的女性，性格坚强，教育培养海瑞很是严格，堪与孟子的母亲相媲美，海瑞从小就受到了良好的家庭教育和文化熏陶。

少年时代的海瑞进入琼山郡学读书，他不但刻苦学习，而且注重修身养性。他在《规士文》中写道："余作小秀才时，不敢在班乱序先行，迎骑于长者，道旁勒马；同席于长者，靠坐隔迁；吩咐唯唯听从，使令中医奔走。夫礼非以尊人，尽吾道尔。不循理非以慢人，自弃其道耳。尊长尚存谦虚，卑幼岂宜倨敖，况兄长之年轮到我身，卑幼如斯，果能堪否？"

海瑞在郡学读书期间，先后成就《严师教戒》《客位告辞》《训诸子说》

等严谨求学的文章，抒发了从少立志、胸怀天下、为国为民的胸怀。比如《严师教戒》一文中说："天以完节付汝，而汝不能以全体将之，亦奚颜以立于天地间？俯首索气，纵其一举而跻己于卿相之列，天下为之奔趋焉，无足齿也。呜呼！瑞有一于此，不如速死！三复斯言，凛若严师叮咛夏楚之督尔上，纷如直友箴规晬晋之诤而旁。"

不难看出，海瑞在求学时代，既努力学习知识，又特别讲究伦理道德的修养。根据朱国祯《涌幢小品》卷二《海忠介实录》中的记载："谢氏志教育，有戏谑，必严词正色诲之。"

海瑞在赶赴京城会试前夕写的《与琼乡诸先生书》中抒发了对母亲的感恩之情："瑞今日稍知礼义，勉自慎伤，若非冲年背父者，尽母谆谆开我也。持家有纪法，教子有义方，律身以正义。"

综上所述，海瑞出仕为官之前，在儒家风范的教诲和母亲的严格培养下成长，自身也刻苦自律，这是海瑞后来成为明代"青天"的基础。正如这一句俗话：家贫出孝子，苦难育英才。

二、南平教谕，执著操守

嘉靖二十八年（1549年），海瑞参加乡试，呈上《治黎策》一文。这篇文章富有真知灼见，既涉及海南数万黎族人民切身利益，又关系到明朝对少数民族的统治政策。

长期以来，明朝官员对黎族人民的反抗起义采用武力征剿的策略，比如嘉靖二十年（1501年），征讨感恩县崖州黎民的起义，杀害黎民上万人，捣毁黎民村寨数百间，造成几千名黎民无家可归。海瑞认为，对待黎族百姓不能征剿镇压，只能疏导管理。他说："琼去京师万里，当事请裁，或致迟误。设县立所，限其大概；乘机审势，听其便宜。"又陈："招民、置军、设里、建学、迁创县所、屯田、巡司驿递事并图说。"可惜的是，海瑞的《治黎策》没有引起朝廷的重视。不过，海瑞非凡的管理才能却从此出名。海瑞在这次乡试中中了举人，喜报传到家里，其母谢氏喜出望外，邻居亲友也纷纷表示祝贺。

嘉靖二十九年（1550年）的春天，海瑞满怀着母亲的殷切希望，身揣亲朋好友凑集的几十两白银，以举人的身份踏上了进京会试的路程。海瑞参加京城的会试，除了完成规定文章之外，还将《治黎策》抄送给主考官员。几位主考官公认海瑞文章写得很好，有针对性，是缓解海南黎民反抗朝廷的良策。

黎族人民自古以来繁衍生息于海南岛，是古越人的一支，人口有十余万。在原始社会的氏族公社阶段，特别是在父系氏族时期，由众多家庭父系血缘关系组成，在头领的组织下，一起做工，团结互助。他们居住在自搭自建的竹楼里，在竹楼下边圈养牛或羊；沿着竹梯而上，到达里边的卧室，有简单的衣食起居的设施，通常在地铺上放两三床粗布被褥。父系血缘维系着的大家庭，多子多女，男子外出打猎，女子采摘野菜，生活困难。男人女人穿着简陋，成年人腰间围绕着一块兽皮。倘若遇见灾荒之年，许多人吃不上饭，只能以野菜、野果充饥。

黎族人民的篝火晚会非常热闹。男女民众在山沟平坝上把野草树枝点燃，围着熊熊燃烧的火堆载歌载舞。女青年们因为没有衣裳穿，只好在腰部围上一圈又一圈的树叶，光着脚翩翩起舞。如果她们发现英俊的小伙子，便会热情地围观起来，一边歌唱，一边调笑。大胆泼辣的女孩子甚至会把意中人抢回家去。

海瑞 16 岁那年，应琼山郡学的黎族学友德宏之邀，到海南岛五指山的山寨去游玩，时间长达半月。在这段时间里，海瑞了解黎族人民的风俗习惯，更加理解了黎族同汉族之间的兄弟关系，深切地体察到黎族民众的疾苦，这就是他作《治黎策》的思想渊源。

海瑞认为，朝廷的屡次兴兵弹压，不但没有征服黎民，反而更加激起民众的反抗，使居住在海南的众多汉族人民同时不得安宁。由此，他提出治安政策如下：

首先，要选派得力大员来海南全权负责治理黎民事务，如果没有合适的人员，我海瑞愿担当此任。

其次，在摒弃武力镇压的前提下，要从安定海南社会秩序的目的出发，在黎族集中居住区建立地方县制，尊重黎族人民的信仰和习惯，并给予他们一定的政治地位以及人身自由。

再次，要采取切实有效的措施，消除汉族、黎族人民之间的隔阂，逐渐缓和民族之间的矛盾。

其实，各民族之间的矛盾，在封建社会里归根结底与阶级矛盾、阶级斗争有关。在明王朝封建专制的社会制度下，掌握统治权柄的主宰者是不会接受举人出身的海瑞的意见的。况且，当朝天子世宗朱厚熜正忙于斋醮。所谓斋醮，是指皇帝住在西苑，从早到晚拜神求佛的宗教迷信活动。给天神书写信件，叫做"上青词"，祈求天神保佑，健康长寿，永不衰老。由于皇帝专心致志地斋醮，不理朝政，当朝宰相严嵩乘机揽权主政，凡是参加会试的举人都要贿赂千两以上的银子，否则不能成为进士。当然，海瑞没有银子可送，即使有银子，海瑞也不会送，所以他最终会试落榜。与此同时，明朝北疆告急，蒙古酋长俺答率骑兵入侵明朝边界，其势咄咄逼人，扬言攻取北京。在这样的危机下，海瑞在京师戒严备战的前夕，匆忙起程赶回海南。

三年后，即嘉靖三十二年（1553 年）春，海瑞第二次进京参加会试。此时的朝政仍然把持在严嵩父子手中，肆意贪污，横行无忌。世宗朱厚熜更加昏庸无道，会试的结果可想而

知，海瑞又不第。但按照明代科举制度，举人会试不第可参加下次"春闱"（举人赴京赶考进士每三年一次，均在阴历三月举行，故又称"春闱"。"闱"是考场的意思）。海瑞实在不愿再次会试了，便听从明代吏部的选调，于同年的春天，被任命为福建南平县的教谕（明代各州、府、县设有儒学，管理本地的学务，县学的正教官，叫教谕，副教官叫训导。）年底，海瑞把母亲由海南海口镇接到南平县居住，从此开始了他的仕宦之途。

南平县地处福建省的中部，比海口镇大多了，生活条件也比较好。但县里的县学管理混乱，上学难、学费很高，而且行贿送礼之风盛行，不少穷苦家庭的孩子念不起书。海瑞走马上任县学教谕伊始，颁布《教约》，雷厉风行地整顿学校规章，坚决反对滥收学生、家长礼物的不正之风；告诫教职人员不许索取非分之财；发布告示，广招学生，对富家子弟与贫困人家的孩子要一视同仁。海瑞言传身教，对送礼者一律拒绝。

还有一次，福建省延平府的官员到南平县学来视察。县学里的官员都在跪迎这些尊贵的上司，而唯有前排一个清瘦的人，只作揖行礼，与左右两位早已跪倒在地的训导形成了左右低中间高的笔架势态。延平府的官员们大喊：是谁不下跪？哪里来的山字笔架竖在这里？做出这一惊人之举的正是南平县新来的教谕海瑞。后来，人们便称其为"笔架博士"。

此后，还有巡按视察御史到南平县学视察，海瑞仍是作揖而不跪，赢得了"海强项"的赞誉。海瑞主张县学、府学皆是朝廷培育人才的圣地，身为教谕应尊师重教，首先要维护教师和读书人的尊严。县学、府学又是师长"传道、授业、解惑"的殿堂，不应该在这里给外来视察的官员们下跪。

更值得称赞的是，海瑞在南平县担任教谕期间，他非常关爱学子，既能与学生沟通，又能对有困难的学生加以帮助；海瑞主张教学既要"学然后知不足"，又要"教然后知困"。只有这样才能奋发图强，达到教学相长的目标。

海瑞大力倡导伦理道德，亲作《规士文》，强调品德修养的重要意义。特别提出做人行事乃至读书写文章，都要以民族英雄岳飞、文天祥为榜样，或"精忠报国"，或"留取丹心照汗青"。

南平县学在海瑞的整肃下，只用了三四年的时间，就办得红红火火，远近的学生皆慕名来求学，南平县学为社会培养了众多品学兼优的人才。

海瑞在南平任教谕期间，还写成了《驿传申文》。《驿传申文》对延平府所辖的将乐、沙县、大田、龙溪、永字、顺昌、南平七个县的驿传混乱的现象，提出了必须要整顿的方略，方略中说："为今之计，只当议裁革，不当议官苗当。盖当裁革，苗当国禄行之而验，官当则正统年行之而验，必无利于前不利今日之理。不能裁革，苗当时无染指之患，后无冒破之忧，若差胜矣。然应付不堪，必至逃避……然剥削贪难称过使客，彼此观效，日私日贪。"

这段文字意思是说，百姓深受赋税之苦，家家贫穷，村落残破，没有安居之所，必然要流浪逃避他乡。为黎民百姓之生计，就必须整顿、改革。

《驿传申文》的字里行间，充溢着海瑞忧世爱民的情怀。然而事与愿违，他的方略却遭到冷遇，无人问津。

公元 1553 年—1557 年，担任南平县学教谕的海瑞，坚持兴学育人的方针，经义治事，济世爱民，以身作则，不为俗习所染，赢得了海南道巡按监司等正直官僚的赏识，多次向朝廷推荐海瑞。海瑞遂由南平县学教谕升迁为浮安知县。

三、淳安知县，刚毅不阿

嘉靖三十七年五月（1558年6月），海瑞上任浙江省严州府淳安县知县，由主管南平县兴学教育转换为负责淳安县全县政要的岗位，进一步施展自己的抱负和才干。

海瑞施展自己的政治抱负也是顺应了时代的要求。明朝中叶以后，地主、乡绅、官僚大肆侵占兼并土地，极少数统治者与广大贫苦农民占有的土地极度不平衡。在淳安，"富豪享三四百亩之产，而户无分厘之税；贫者产无一粒之收，虚出百十亩税差，不均之事，莫甚于此"。（《海瑞集》上册《兴革条例》）地主、乡绅、官僚相互勾结玩弄"诡寄"的把戏（故意将自家的田产寄于他户），还有"飞洒"（将田赋转加给他户）；擅自挪移界址和篡改册籍，弄虚作假，进而二赋一徭役的负担都转嫁到了劳动人民身上，既造成赋税畸轻畸重，又迫使贫困农民背井离乡。

嘉靖、万历年间，有所作为的重臣，如以徐阶、张居正为代表的高官，亲身感受到了当时社会的严重弊端，发现财政危机已造成了政治上的混乱。出于维护封建统治阶级的利益的目的，他们采取了以肃正吏治与变革财政为主要内容的几项措施，但收效甚微。海瑞适应这股改革的潮流，在淳安县大胆而有见效地进行了改革。

淳安县属于新安江下游，是水上陆地交通的枢纽，多有朝廷官员往来，凡是经过淳安县的，均由县衙"接风"和"洗尘"，少则二三十两银子，多则上百两。如遇巡盐御史或巡按御史等督察官员（两者都是朝廷负责纠察弹劾的高级官员，由明朝都察院指派），要花费的银子更是在一二百两之间。巡抚来淳安视察（巡抚比总督低一级的地方高官，负责一省的政治、军事，亦称抚台都堂）则要三四百两银子。这些官吏坐船支应的船夫，走陆路支应的马匹夫役，均由淳安县承担。

常言道："新官上任三把火。"海瑞来淳安之后，实实在在地烧了"三把火"。

第一把火，重新丈量土地、山林，挨家逐户征收田赋税役。与此同时，鼓励农民开辟荒田、山林，发展农业生产和山林木业。向贫穷的农民借贷耕牛和良种，并决定三年内不征田赋和役税。外逃他乡异地的百姓闻讯后纷纷返回了淳安。

第二把火，坚决遏制歪风邪气，整顿淳安县衙纲纪。首先，取缔了知县向来淳安出巡的巡盐御史、巡按御史、巡抚等官员赠送银两的陈规陋习；其次是严令禁止地方官吏索敛民财及携带金银赴京朝觐；再次是所有使臣、来往官僚过客车船脚力的必要支出，不许由百姓来赔垫。

有一次，浙闽总督胡宗宪（总督是地方的最高长官，辖一省或二三省）的公子经过淳安，作威作福，嫌驿站（明朝各地传递文书的公馆）负责接待的冯驿丞和知县助手陈典史的供应不周到，马匹也不称他的心，大发脾气，喝令手下人把冯驿丞捆了，倒挂在树上。驿站的人慌了，跑到县衙要办法，海瑞说："不慌，我自有主张。"他带人走到驿站，一大堆人在围着看热闹。鲜衣华服的胡公子还在指手划脚骂人，一看海瑞来，正要分说。海瑞不理会，径自驿站去，一看胡公子带的大小箱子几十个，都贴着总督衙门封条，就有了主意。海瑞立刻变了脸色，叫人把箱子打开，箱子都沉甸甸的，装着好几千两银子。海瑞对着众人说："这棍徒真可恶，竟敢假冒总督家里人，败坏总督官名！上次总督出来巡查时，再三布告，叫地方不要铺张，不要浪费。你们看这棍徒带着这么多行李，这么多银子，怎么会是胡总督的儿子，一定是假冒的，要严办！"说罢就把几千两银子都充了公，交给国库，写一封信把情由说了，连人带行李一并交送胡宗宪。胡宗宪看了，气得说不出话，但怕事情闹大，自己理屈，只好算了，不敢声张。

海瑞大胆机智地惩治胡家父子的消息不胫而走，从驿站传到县城，从淳安传到浙江，再从浙江传遍东南沿海，官僚贵族既恨海瑞又惧怕海瑞。正直的官员和人民群众则敬佩海瑞，内心充满对海瑞的信任。

嘉靖四十年（1561年），钦差大臣（由皇帝直接指派出京，代表皇帝查办重要政务的官员）鄢懋卿以总理浙东、浙西、淮南、淮北、长芦、河东盐政为由，搜刮民脂民膏。鄢懋卿时任都察院左副都御史，加上钦差大臣的头衔，又有大奸臣严嵩的靠山，一路上大讲排场，还向扬州知府索要上百万两银子，知府只得层层摊派催征。

扬州内人人怨声载道，有的百姓被逼无奈，变卖田产房屋，甚至出现了卖儿卖女的惨剧。

鄢懋卿出巡走水路时前后有大船三十艘，携夫人秦氏大显威风。他在陆路巡查时乘坐二十四抬大轿，前呼后拥，供其役使的有数百人。他的夫人秦氏乘坐的是五彩搭的花轿，用十二个女子抬轿。每经过州府或县衙，地方各级长官都要跪着迎来送往。吃饭要有山珍海味，所住之处要张灯结彩。仅在扬州一地一顿用餐就耗皇银上千两。鄢懋卿生活十分奢侈，就连厕所都必须用锦缎做成围垫，使用银匠打制的白银便壶。

按照惯例，钦差大臣、监察要员、地方长官到地方视察都要发布安民告示，说明来意，并强调地方衙门应该力戒铺张浪费，务必关心民情，一定要注意勤俭节约。鄢懋卿此次路过淳安也不例外，安民告示照发不误。

海瑞得知钦差大人鄢懋卿要来淳安的消息后，密令家人海安了解鄢懋卿的行踪，更要掌握他利用职权，收受贿赂，卖官枉法等罪证。除此之外，海瑞还细心研究了所谓的安民告示，准备以其人之道还治其人之身。等到鄢懋卿威风凛凛地进入淳安地界的时候，海瑞率领县丞、典史、教谕等官员出迎四十里，跟随的、看热闹的民众多达一千余人。海瑞等官民来到太平桥边，抬头望见江面上三十艘大船扬帆鼓浪而来，最前面的大船旗帜迎风招展，上锈大字："钦差总巡八省盐政都察院左都御史。"官船靠近江岸，落下船帆后，海瑞等文武官员迎接上去，海瑞问候道："大人此次出巡，发布告示：'凡饮食供应，都要俭朴，不要过分奢侈，浪费人民钱财。'大人真是廉正无私、为国为民啊。"

鄢大人听了这话，非常受用，随口回答："现在民穷财尽，宽一分，人民就得一分好处，一定要体恤民情。"

海瑞马上接着他说："但是，您奉命南下以后，各处都办酒席，每席要花三四百两银子，平常伙食也都是山禽野味等不易弄到的东西；供应极为华丽，连便壶都用银子做。这种排场，和您颁布的布告可是大大相反啊！"

彼此之间的对话尖锐起来，码头上的空气似乎骤然紧张了。鄢懋卿的幕僚汤星槎害怕海瑞再揭老底，用威胁的口吻喊道："海瑞，你胆敢诽谤钦差！你有什么证据证明钦差大人贪赃受赂？难道你不知道尚方宝剑的厉害和朝廷的王法吗?！"

海瑞反驳："不知道王法的不是我海瑞，而是你们。看一看这三十条大船吃水线有多深，装载的不是贪污索贿的金银又是什么?"

　　亲眼见识了海瑞的刚直不阿，鄢钦差才发现海瑞确实是天不怕、地不怕、官也不怕的"海疯子"，后悔轻视了他，也后悔不该路过淳安，但事已至此，只好把口气缓和下来："本钦差念你是心直口快之人，你诽谤我，我也不与你计较，也不加罪于你。皇上、严相都信任我一贯清廉从政，如今围观之人越来越多，你还是接我进城为好。"

　　海瑞却用坚定的语气说："钦差大人，这三十条大船所载何物?您是否允许我登船开舱相验，以证明大人的清白之身?至于进驻县城一事，淳安城小，百姓正忙农活，恐怕不方便吧。"

　　鄢懋卿这才如梦方醒，原来海瑞出郊四十里迎接自己，是为不让他进入淳安县城!再这样僵持下去，闹得沸沸扬扬，对自己一点好处也没有，还是早早离开为妙。于是，他责令汤星槎调转船头驶离太平桥。此后，"江岸上的百姓欢呼雀跃，拍手称快"。有一位百姓作歌唱道：

　　钦差逢到海刚峰，尚方宝剑也没用。

　　正是正来邪是邪，邪不压正一场空。

　　淳安有了好知县，不受涂炭乐无穷。

海瑞在淳安知县上任烧的第三把火，也是他深得民心的一大政绩。在此之后，海瑞为当地百姓伸张正义，解决了几件冤假错案，被百姓赞誉为"海青天"。

　　淳安县有一个村民叫胡胜荣，其兄胡胜祖，因与同村的邵时重多年争夺一块山地而发生纠纷。不久，胡胜祖因病身亡，胡胜荣由此对邵时重产生怨恨，暗同弟弟胡胜佑和外甥制造假象，把红色的脂粉涂在胡胜祖尸体的头部，显现血色的伤痕，向原淳安知县告状，说邵时重杀人害命。原知县派人查验死尸，认定头部血痕系被人击伤致命，判定邵时重为杀人犯，待秋后行刑。邵时重的家人多次喊冤叫屈，始终没有结果。

　　海瑞出任淳安知县后，邵家鸣鼓申冤，递上昭雪的状纸。海瑞和仵作（中国古代官府中检验命案死尸的人）开棺验尸，发现胡胜祖头部血痕仍然鲜红，经轻轻擦拭，没有伤迹，判断胡胜荣、胡胜佑等人诬告

陷害的罪名成立。邵时重被平反洗冤后，海瑞善断冤假错案的名声远近闻名，百姓有疑难案件都请海瑞参加审理。

海瑞在淳安的另一项被人称颂的政绩，就是重视刑狱，办案注重调查研究。因为他断了许多冤案，在严州府属县颇负青天之名。因此，严州府各县遇有疑难案件，也移到淳安县处理。如《吴吉祥人命参语》所记录的，就是建德县吴吉祥在义父吴湘家中做工，堂叔吴澜上山偷砍木柴，和吴吉祥互相扯打，吴吉祥用木棍将吴澜打死。建德知县问了吴吉祥斩首罪，但甲首吴拱翠因与吴湘有隙，就买通吴吉祥，一口咬定是吴湘让吴吉祥打死吴澜的，推官复审时，拟改判吴湘犯"主使人殴打"罪，处绞刑。海瑞受严州府之委托办理此案时，对吴吉祥先认罪后翻供的情况表示怀疑，便从吴拱翠和吴湘之间的矛盾入手，进行了认真的分析和调查研究，断定吴澜系吴吉祥打死，与吴湘无关，吴吉祥被问以斩罪，案情大白。

广为民众流传的《徐继人命案参语》，详细记录了海瑞破解大案要案的过程。桐庐县县民徐继的妹妹嫁给戴五孙，从此徐戴两家结成亲家。但戴五孙好吃懒做，生活拮据，便向徐母借钱，徐继替母亲多次向戴五孙索要未果。有一天，徐继在戴家门前遇到戴五孙，两人因借钱、还钱的话题争吵起来，徐继愤怒至极，遂用石块打死戴五孙，然后把尸体抛入河水之中。恰在这一天，吏员潘天麟因公出差投宿在戴家。此件命案原由桐庐县审判，认定是戴妻徐氏与投宿戴家的吏员潘天麒通奸合谋杀死戴五孙，拟将徐氏凌迟（中国古代一种极其残酷的刑法，分割犯人的肢体），潘天麒被处斩。上报杭州府复审则判潘天麟与戴五孙斗殴杀人，拟将此人处以绞刑。京城的大理寺责成桐庐县、建德县、遂安县三县会审，仍无定论，久拖不决。巡按御史崔栋决定把此案移交淳安县复审。这桩历时十余年，几经波折的命案，通过海瑞悉心调查，实地勘察，寻找人证、物证，最终尘埃落定，即杀人凶犯是徐继，案情由戴五孙借钱不还所引发；徐氏和潘天麒是被冤枉的，立即释放出狱。海瑞断案如神的清官形象，在人民的心目中更加高大起来。

应当指出：《吴吉祥人命参语》《徐继人命参语》《邵守愚人命参语》《胡胜荣人命参语》《吴万人命语》等是海瑞办案的记录，充分说明海瑞办案重在调查研究，注重真凭实据，凡有关人命的案件，海瑞从不疏忽。

前面提到的"参语"，后来为戏曲艺术工作者、小说家改编和渲染，创作成《大红袍》《小红袍》《生死牌》《五彩舆》等文艺作品，均以海瑞办案为题材写就，成为我们艺术世界之中的宝贵文化财富。

综上所述，海瑞在淳安知县任上烧的"三把火"，即在经济上发展生产、政治上整顿吏治、法律上决断冤狱，取得了骄人的政绩，为时人所赞赏，为后人所敬仰。但是，海瑞得罪了高官权贵，损害了他们的贪污受贿的私利，特别是胡宗宪、鄢懋卿等奸臣赃官更对海瑞怀恨在心，寻找时机施行打击报复的手段。当朝廷已拟定升调嘉兴通判的海瑞（通判为官居知府的副职），还没上任，就遭到鄢懋卿指使下的巡盐御史袁淳的"揭发检举"，即借口升调的公文手续不符合规定，遂向朝廷告发，把海瑞从浙江省调到江西省，由原来的晋升改为降职，任兴国县的知县。

其实，这是巡盐御史袁淳等人对海瑞的打击报复。袁淳巡查淳安时，海瑞没有远迎远送，接待仪式也很平常，更谈不上什么赠银送礼了。袁淳此举，既迎合了鄢懋卿的小人之心，又达到了报私仇的目的，真可说得上一举两得。

顺便说明一下，遭贬的官员不仅是海瑞一人，还有慈溪知县霍玉瑕。霍玉瑕是曾任尚书之职霍韬的儿子，也因仗义执言、不趋炎附势而遭都御史鄢懋卿、巡盐御史袁淳的弹劾后被贬官，这进一步证明了明朝嘉靖时期吏治的严重腐败。

四、兴国八议，一表衷肠

嘉靖四十一年（1562年），海瑞到江西省兴国县任知县。参照《海瑞集》上册的《招抚逃民告示》等材料，可以看出当时的兴国县已有大批贫苦农民逃亡到县城二十里外的地方，"寥寥星屋，不及十余家"。人丁凋落，村里萧条的景象令人触目神伤。海瑞明察暗访，迅速找到问题的症结，归纳起来有以下三个原因：

一是明初的屯田制度被破坏。

明朝初年，兴国县有一大部分农田是军队的屯田，这是灭元兴明、休养生息，达到民有食、兵有粮的行之有效的一种制度。到了明朝中叶，军队侵占了与屯田相毗邻的民田，叫做"余田"，多达六百多亩，农民丧失了自己辛苦经营的熟田，又无处诉怨，不得已逃亡异乡。

二是冗官乱政和赋役太重。

冗官，主要指的是兴国县的隘长。兴国设有许多隘所，负责要冲之地的治安保卫；隘所里的负责人称作隘长。问题出在隘长的人选身上，他们大多数不称职，以致隘所"不能诘奸缉盗，专一吓骗商民""一有警闻，便逃之夭夭"。因此，人们主张废除隘所。海瑞经过一番调查分析，认为隘所不应废除，因为隘所的设立是必要的，治安、防盗、护民的作用不能忽视。问题出在地点的设立和隘长的人选上，只要真正选择建立交通要地以及重新选派隘长，就能彻底解决问题。

冗官还可特指一些奸狡之吏。他们不安其分，不尽其责，还享有一官之禄。对此类官吏，海瑞主张一律裁撤。

海瑞对兴国县历年派征的粮食进行数字统计，认为农民大量外逃，造成早已开垦的田地片片荒芜；而熟地沃土又被军屯所占，逼迫丧失土地的农民举家逃亡，四处流浪，形成了恶性循环。

依据兴国县历年派征纳粮数字，可作如下统计分析：自嘉靖三十年（1550

年）至嘉靖三十五年（1556 年）间，每年派征粮银为 8300 万两；嘉靖三十九年（1560 年）后逐年增加；海瑞 1562 年到任兴国知县，朝廷向兴国县派征粮银总数为 13200 石，每年每石折银数猛增。又据《均徭册式》（《海瑞集》上册）所云："当时，钱粮正供有额，独均徭官为私，时有增益。"由此可见，繁重的赋税、徭役是兴国县农民外逃的根本原因。

面对上述严重问题，地方官员和朝廷官僚视而不见，听而不闻，仍然过着穷奢极欲的生活，而兴国县的百姓则处在水深火热之中。

解除贫民百姓的疾苦，当务之急就是改革政务。于是，海瑞提出闻名于世的《兴国八议》，即"一议屯田""二议地利""三议隘所""四议均赋役""五议红站马船""六议招抚逃民""七议哨官""八议冗员"。

以上八个方面的改革方案，上报江西巡抚和朝廷，海瑞强烈请求上司，特别是主管民政事务的布政史速来兴国县体察实情，全面调查兴国县以及其他各县的丁粮派征的虚与实，重新调整派征粮银数据，重新公平合情合理地分配田赋、徭役指额。

海瑞坚决主张还田于农，在重新丈量军队屯田的基础上，把军队不断侵占的"余田"如数归还给农民。在"六议招抚逃民"之策中，海瑞广泛宣传"此有余有""彼有余民"的招抚政策，即呼吁居住在人口密集的江西地区的农民，迁移兴国开荒种地，共同发展农业生产。

《兴国八议》的改革方案，在海瑞的倡导下施行一年多，核清了军田、"余田"和农田，裁减了冗官、冗员，减轻了人民群众的负担，收到了抚境安民的实际效果。

其后，海瑞又率先在兴国县推行"一条鞭法"。"一条鞭法"是明朝首辅张居正进行经济改革中的重要内容："总括一县之赋役，量地计丁，一概征银，官为分解，雇役应付。"

海瑞坚决贯彻"一条鞭法"，改变以前赋、役分别征派的办法，把兴国县的赋税和徭役中的各种项目统一编派，汇总为一项征收。

从"兴国八议"到"一条鞭法"的实施，不仅相对减轻人民的负担，而且使一部分人摆脱了劳役的束缚。还有，赋役一概采取征银之法，在某种程度上促进了商品经济的发展。所以说，海瑞在兴国的改革措施是符合历史发展要求的。

五、忠言逆耳，直谏诏狱

嘉靖四十三年（1564年），海瑞告别了他改革兴利的江西兴国县（任知县计有一年半），被朝廷调入京城任户部主事。

户部主事在明朝户部衙门里只是六品官阶，但主管的却是银两财务。他很快发现，近半年来银两耗费过大，损失浪费的银两至少占钱粮总收入的十分之三，这使他忧心忡忡。

他发现，户部衙门里的人际关系非常紧张，官员之间谨小慎微，每当涉及朝廷政务，个个缄默不语。有一天，海瑞与户部间务（官居九品）何以尚交谈朝中最近出现的事情。因为何以尚是海瑞的下属，又是钦佩海瑞人品的知心朋友，因此两人过从甚密。海瑞从交谈中得知，兵部员外郎杨继盛上疏（封建时代臣下向皇帝陈述事情的报告叫"疏"）嘉靖皇帝，揭发检举大奸臣严嵩的罪行而被嘉靖皇帝降旨斩首。杨继盛在临刑前留有一首诀别诗：

浩气还太虚，丹心照万古。

生前未了事，留于后人补。

海瑞对杨继盛因直言上谏而遭杀害之事既愤愤不平，又颇有感慨，尤其是"留于后人补"一句诗，深深地打动了海瑞的心。

嘉靖年间，许多地方大兴土木，修建庙宇寺院。此风源自当朝皇帝，嘉靖皇帝崇尚迷信，不理朝政，住在西苑，整天拜神作斋醮，上青词。宰相严嵩、徐阶都写过青词，以讨皇帝的欢心，并使自己获得皇帝的宠信。皇帝痴迷求神求仙，势必修庙建坛，耗费的银两令人吃惊。有些官员除了忙于大规模修建庙坛之外，还忙于采摘灵芝仙草，进贡白鹿或白兔。更有甚者，皇帝派大臣去崂山、武当山等地去寻找神仙，把一批道士请进皇宫。宫中的房屋梁柱上，贴满了各式各样的符咒。在精雕细刻的御花园里，竟然搭建起炼丹炉，火焰、烟灰、黑浪弥漫花园上空，使人神魂迷乱。从崂山请来的道士王道陵，像变魔术似的从自身道袍袖管里掏出一只桃子，敬献给皇帝说："这是天赐蟠桃，以为祝寿，莫大祥瑞，万岁爷吃下会长生不老。”

太监黄锦，亲眼目睹嘉靖皇帝日渐昏庸，心中焦急，但又不敢谏言，只好把肺腑之言向海瑞诉说。

众所周知，在封建专制时代，皇帝有至高无尚的权力，皇权是神圣不可侵犯的，连皇帝的名字都要避讳，一个字不幸成为“御讳”就得缺笔而成为残缺不全的字。比如宋太祖赵匡胤的胤字，为了避讳，只得少写一笔。至于上疏批评皇帝，那绝对等于犯上作乱，冒犯龙颜，是极其少见的事。

嘉靖四十五年（1566 年）的二月，海瑞冒天下之大不韪，向皇帝奏上《治安疏》，亦即著名的《直言天下第一事疏》，达 3600 多字，主要内容如下：

臣闻君者，天下臣民万物之主也，其任至重。欲称其任，亦惟以责寄臣工，使尽言而已。臣请披沥肝胆，为陛下陈之。

昔汉文帝，贤主也，贾谊犹痛哭流涕而言。非苟责也，而文章性仁而近柔，虽有及民之美，将不免于怠废，此谊所大虑也。陛下天姿英断，过汉文远甚。然文帝能充其仁恕之性，节用爱人，使天下贯朽粟陈，几至刑措。陛下则锐精未久，忘念牵之而去，反刚明之质而误用之。至谓遐举可得，一意修真，竭民脂膏，滥兴土木。二十余年不视朝，法幻弛矣。数年推广事例，名器滥矣。二王不相见，人以为薄于父子。以猜疑诽谤辱臣下，人以为薄于君臣。乐西苑而不返，人以为薄于夫妇。吏贪官横，民不聊生，水旱无时，盗贼滋炽。陛下试思今日天下，为何如乎？

头段文字是海瑞向皇帝表明倾吐心里话的思想动机。国君为天下臣民万物之主，责任非常重大；督责大家畅所欲言，也是国君的职责之一；我——海瑞，请求披肝沥胆，吐露真言了。

第二段文字是以汉文帝为典范，相比之下，则嘉靖皇帝远不如汉文帝。西汉文帝执行减轻租役的政策，免收全国赋税十二年，促进社会生产发展，国家开始走向富强。可是，嘉靖皇帝你呀，二十多年不理朝政，大兴土木，修道求仙，滥派官职给人；跟两个儿子不见面，猜疑杀害大臣，尽在西苑不回宫；吏贪将弱，农民暴动，天下危机四伏，你与汉文帝相比差远了。

海瑞上疏的第三段落大意是：最近罢黜严

嵩相职，其子世蕃被处极刑，一时人心稍觉快活。然而，当今政治并不清明，大臣不敢直言陛下已经很久了。古代人君有过失，都要依靠群臣百官匡救辅弼。今天陛下只是会集僧道修斋，焚香行礼，词臣礼官只会一味上书颂扬。陛下的错误行为和诸臣的错误顺从，怎么能保证政治清明呢？一味奉承谄媚皇上太过分了。不过，当您的面极尽恭维，背后却有议论，难道这不是欺君之罪吗？

海瑞上疏的第四段文字是这样的：

夫天下者，陛下之家。人未有不顾其家者，由外臣工皆所以奠陛下之家而盘石之者也。一意修真，是陛下之心惑；过于苛断，是陛下之情偏。而谓陛下不顾其家，人情乎？……《记》曰："上人疑则百姓惑，下难知则君长劳。"此之谓也。

《记》指的《礼记》，"上人"指嘉靖皇帝——您猜疑人，百姓必然迷惑、惶恐。

海瑞上疏的第五段文字是对皇帝的尖锐批评："您犯的错误很多，天下的人不满意您已经很久了，内外大小官员谁都知道您自以为是，拒绝批评，您的错误很严重。您一心想成仙得道，长生不老。对比唐尧、虞舜、夏禹、成汤、周文王、周武王这些上古时代的贤君名主，圣功昌盛，并没有长命百岁，生存世间；世代依次更替到后代，也没见到世俗之外的人自汉代、唐代、宋代直到今天生存下来。您的老师陶仲文，教给您方术，如何寻求长生不死，可是他几年前已经死掉了，他都不能长生不死，您怎么还幻想长生永存呢？至于上天恩赐于您的仙桃、药丸，那就更奇怪了，仙桃、药丸究竟是怎么来的呢？是上天亲自用手拿给您的吗？过去宋真宗在乾佰山获得天书，当时孙奭规劝说："上天如何会讲人话呢？哪里有什么天书。"您应该知道，桃子是从桃树上采摘下来的，药丸是经过各种加工配制而成的，今天无缘无故获得了桃和药，难道是这两物有脚有腿地走到面前的吗？这是陛下左右那些邪恶不忠的人，特别是崂山道士制造荒诞的言论欺骗蒙蔽您啊！而您误信了，这是您犯下的过错。

海瑞上疏的第五段文字重在陈述皇帝在用人问题上所犯的错误。他写道："陛下又将谓悬刑赏以督责臣下，则分理有人，天下无不可治，而修真为无害已乎？太申曰'有言逆于汝心，必求诸道；有言逊于汝志，必求诸非道。'用人而必欲其唯言莫违，此陛下之计左也。"

显然，海瑞引用商代主君王太甲的话：有人说话不顺从您的心意的时候，您必须探索道理；有人说话恭敬顺从您的志向，您必须探索非议的理由。而您的用人原则就是要求他完全服从，这是您用人计谋不当之处。严嵩他有一点不顺从您的心意吗？过去他曾对您附首听命，今天他却成为扰乱朝纲的罪魁祸首。再说梁材，他曾是镇守浙江、广州等地的官员，您认定他是不顺从您的逆者，可是他治理地方有功，声望很高，官至户部尚书，仍为诸多官民赞扬。问题是，许多官员宁愿做严嵩式的顺从您心意的人，而不愿做梁材式的违逆您心意的人，难道不是看您的脸色行事，想方设法迎合您的心愿吗？这样下去，对您一点好处也没有。

海瑞上疏的最后部分是向皇帝提出几点建议：一是要立即醒悟过来，每天上朝，与诸臣商讨国计民生；二是改掉以前的错误，为人民百姓谋福祉；三是着重处理目前存在的君道不正，臣职不明的问题，这是摆在您面前的头等大事。

提出上述要求之后，海瑞表明自己的一片忠心：

释此不为，而切切于轻举度世，敝精劳神，以求之于系风捕影，茫然不可知之域，臣见劳苦终身，而终于无所成也。今大臣持禄而好谀，小臣畏罪而结舌，臣不胜愤恨，是以冒死，愿尽区区，惟陛下垂听焉。

海瑞写就《治安疏》前前后后花费了一个月的时间，在充分搜集资料的同时，还拜访了几位有正义感的朝廷大臣，几易其稿，最终形成了历史上的经典传世之作。据有关史书记载，《治安疏》成就之时，海瑞反复阅读，读到最后部分手总是颤抖，因为他知道，一旦奏章呈递上去，一定会招来杀身之祸。自己的性命倒无所谓，可是养育自己的母亲谢氏、妻子王氏、还有儿子都会受到株连。"人生自古谁无死，留取丹心照汗青"。海瑞下定决心后，便给母亲留下一封信（实际上是诀别遗言），恳请老人家原谅儿子忠孝不能两全，儿子我自小到大饱受您精忠报国的教诲，今天，真正到了兑现诺言的时刻。假如我因为上疏而死，那只有麻烦您老人家带儿媳、孙子回老家隐居。海瑞是位善待他人的清官，他早把仆人、差役遣散故里。海瑞盘查自己的行囊，有银子二十

余两，便到临街棺材铺，请木匠师傅量好尺寸，尽快打造一口棺木，以备后事。

《治安疏》是在一次早朝上由海瑞自己呈献给嘉靖皇帝的，由于奏折洋洋洒洒三千六百余字，皇帝当时没来得及看，便命宰相徐阶拿到寝宫后再看奏章。

嘉靖皇帝是17岁时正式登上皇帝宝座，经历41个春秋，这一年（1566年）已58岁了，再加上平时服用崂山道士从炼丹炉里烧制的药丸，他的眼睛昏花了，看不清楚文字，只了由徐阶代读。

嘉靖皇帝听那奏章中的言语，从一开始就不顺耳，之后越听越怒火中烧，尤其听到最刺耳的一段话："陛下花了许多钱，用在宗教迷信上，而且一天比一天多，弄得老百姓的生活困苦不堪，这十几年来更是越来越过分。天下百姓就取陛下改元的年号的字音，说嘉靖皆净，家家穷得干干净净，没有钱用。"他恼羞成怒地喊道："大逆不道，简直是可恨至极，这不是反了吗？先帝爷也没有这样骂过朕啊！"

"快！赶快捉拿海瑞，决不能让他逃跑！"嘉靖皇帝对左右的侍臣说。

太监黄锦在一旁说："万岁爷息怒。奴才闻听这个人素来狂乱妄为，此次上疏的时候，自己知道冒犯皇上必当死罪，事先诀别了母亲和妻子，也买下棺材，家中的僮仆也都离散，只等待朝廷问罪，看来他是不会逃跑的。"

皇上沉默不语，过了片刻又让徐阶阅读海瑞的奏章，长叹了几声，并把奏章留在龙案之上，沉思起来。

"我数十年寻求长生不死，而这个海瑞却不怕死，还买好了棺材等死，真是匪夷所思！"过了好久，皇上在宫女的搀扶下喝了一碗参汤后又自言自语道："朕为天子，竟然挨了他的骂，大失颜面，这口气非出不可。"第二天，他降旨捉拿海瑞，并派锦衣卫逮捕海瑞。

在海瑞被捕入狱的第四天，海瑞的莫逆之交，也是他的属下何以尚闯进皇宫外，猛敲臣子请求皇帝上朝的景阳钟，呈上替海瑞鸣冤叫屈的奏章，诚请释放忠臣海瑞。嘉靖皇帝当即命令锦衣卫将何以尚重打四十板（另一说杖打一百），遂后关进监狱，同海瑞一起坐牢。

海瑞另一位好友王宏海，受海瑞委托，把海瑞预先写好的诀别信秘密地传送到海南的琼山，海瑞的母亲和妻子王氏因北方寒冷，早在《治安疏》上呈之前已离开了京城，回到故乡居住。

余怒未消的嘉靖皇帝要把海瑞处斩，责令刑部草拟处死海瑞的奏章，奏章辗转到宰相徐阶手中，被徐阶有意搁置起来，没有及时呈上御批。

或许是苍天有眼，也可能是海瑞命大，恰在徐阶搁置刑部拟斩海瑞奏章的当口，皇帝病倒了，因为吃丹药，毒性发作，卧床不起直至驾崩。

据有关明史资料记述，嘉靖皇帝驾崩前说过这样的话："海瑞这个人可与殷纣王时的比干相比拟，但朕不是殷纣王罢了。"恰逢皇上病入膏肓之际，急召宰相徐阶等近臣商议帝王内禅问题，皇上还说过自相矛盾的话："海瑞奏章所言之书，现在想起来是正确的。如今朕病成这样，哪里能临朝议事听政……唉！朕没能谨慎珍惜，才招致如此疾病，倘使朕能从西苑别宫便殿出去，返回大内，难道不等于接受海瑞的辱骂了吗？"

嘉靖驾崩，太子朱载坖继位，改元隆庆。徐阶、张居正等元老、大臣，借用嘉靖皇帝遗诏的名义，斩首了骗君、祸国、殃民的道士王道陵等多人。新皇继位，登基大典之际常有大赦，海瑞、何以尚被释放出狱，官复原职。

海瑞从治安上疏到买棺谏君，再从身陷诏狱到释放复官，九死一生，历经坎坷，彰显了他刚直不阿的本色。海瑞骂皇帝，这在中国古代社会里是少见的，也是他一生中闪光的一笔，这一笔，既闪现了他的慷慨人生，更激励了他在明朝中后期的仕宦生涯中，不畏权贵、不畏艰险的斗志。

六、获释复官,应天巡抚

大难不死的海瑞,出狱之后在徐阶等一些文臣的推举下,改任为兵部武司主事。隆庆元年(1567年)初,擢尚书宝司(替皇帝保管玉玺的要职),稍后又调任大理寺寺丞(负责管理大案要案或平反冤狱的主要负责人)。

海瑞在任大理寺寺丞期间,接手了一件弹劾案,御史齐康弹劾内阁首辅、大学士徐阶,开列罪过如下:

其一,徐阶为讨好嘉靖皇帝,一味逢迎了嘉靖皇帝错误的行为,特别是皇上追求长生不死而作斋醮的时候,同奸臣严嵩一起写青词,阿谀谄媚,助长了歪风邪气。

其二,身为内阁首辅,主持朝廷政务,没有起到扶持朝政、发展生产、安民抚贫的作用,反而迁就皇上大兴土木,建造庙宇、神坛,劳民伤财,财政浪费受损过大。

其三,徐阶有两个儿子,依仗权势,在乡里横行霸道,抢夺民田,这都与徐阶的纵容有关。

海瑞认为:"徐阶事奉先帝,没能阻止先帝迷信神仙、大兴土木,畏惧退缩而保全官位,的确也是有的。然而自他主政以来,为国事忧虑而勤劳,气量大能够宽容人。而齐康作为御史却当鹰犬,攻击陷害好人,其罪又超过了高拱。"

高拱,官居吏部尚书,文渊阁大学士衔,兼太子太傅(太子的老师)。嘉靖皇帝病重卧床时,他没尽守候之责;也没有劝阻皇帝寻道求仙的错误之举。隆庆元年,徐阶、高拱、郭朴三人组成内阁,徐阶为内阁首辅。不久,因政见不一,高拱、郭朴两人联合,指使他人上疏弹劾徐阶。

公允地讲,海瑞对徐阶的评价是客观、公正的。论年龄,徐阶比海瑞大一旬;论资历,徐阶官居首辅,进士出身,大学士,是明代改革家张居正的恩师;论恩情,徐阶不仅是海瑞的救命恩人,而且是保举海瑞升官的带头人。可是,

中国古代著名文臣

海瑞却出于公心，不徇私情，对徐阶的是非功过进行了令人折服的分析。

御史齐康的上疏，确实与高拱等人的唆使有关。不明真象的明穆宗阅后，难作决断。后经查实，徐阶的两个儿子抢夺民田等横行确有其事，不过已隔数年，况且徐阶也曾对两个儿子进行了训斥。后来，经大理寺、吏部的查证，御史齐康的上疏乃是为高拱攻击徐阶而张目，御史齐康遂被贬官。

从隆庆元年（1567年）的冬季到隆庆三年（1569年）的夏天之间，海瑞历官两京通政使司左、右通政。遂后，又升任都察院右佥都御史，总理粮储提督军务，兼巡抚应天等十府，治所在苏州。

海瑞的威望震撼朝野，每当他到某一省城或某一州、府、巡视的消息传出来，当地的贪官污吏、骄奢淫逸之徒都十分害怕。有的自知难逃其咎，便主动提出辞职弃官而去；有的奔往远方的亲友处暂避风险；有的收敛往日作威作福的官架子；有权势的大户人家的大门本来是赤红色的，现在听说海瑞要来了，赶紧把赤红色的大门漆成黑色；有一个监督江南织造的宦官，立即减少了抬轿和侍从的人役，即把出入乘八抬大轿改成四个肩舆。

海瑞在江苏实地考察，发现往日物产丰盈的鱼米之乡，如今却鱼不多、米粮不足，历史名城苏州也没有新气象。这一年又发生了水灾，滔滔的洪水把苏、松、常、杭、嘉、湖六府沿太湖的田地冲毁，冲塌了许多房屋和少数的桥梁，百姓流离失所，苦不堪言。

海瑞面对如此艰难困境，锐意兴革，重整田地，建设家园，上疏朝廷请求立即浚通吴淞江和白茆河的河、江出入口，引水流入海，旱涝有备，让百姓受益，让朝廷安心。

治理水患与救灾抚贫必须结合起来。海瑞赶赴苏州时，由于大水肆虐，不少河道几乎被洪水漫到桥面上，他乘坐的官船到了关帝庙已无法前进。海瑞下船改乘便轿，傍晚才进到苏州城里。海瑞吩咐早已等候接他的文武官员赶快回到各自府县去，救灾抚民，并严令今后不许摆队迎来送往。

海瑞早在京城时就耳闻龙宗武、张顶棨有治洪理水的才干，便请他俩来商议治水防涝的规划。

龙宗武是苏州府推官，张顶棨是上海县知县。他俩在此次洪水泛滥之前，多次向上司提出建议，无奈各级官员均不理睬，因此心中郁闷，才干也无

处施展。现在看到海瑞是忧国爱民的大清官，果然名不虚传，内心无限喜悦，便把多年的愿望、治水的方案都说给海瑞听。海瑞听后兴奋地表示，"一定要根治水患，既要有信心，又要有良策。你们俩位人熟地悉，治水防涝方案成竹在胸，看来此次治理水患必能成功"。海瑞向他俩推荐《三吴水利录》一书（水利专家归有先著），借鉴三吴治水的经验，首要清理和疏通太湖入海河道。最后，商量确定动员人力、物力、财力，全面开通苏州河。

疏通河道，抗灾救民，都离不开财政支付与经费来源。海瑞提出"统筹集结"的方略，即中央朝廷拨款、地方筹资、节省额外开销、以工贷赈等办法。其中节省额外开销，指的是裁减来来往往各级官员的供应与宴请招待（含赠金送银或地方土特产）等方面的费用。

海瑞心知肚明，上述举措必然损伤官僚的切身利益，但他认为："今日今事，必以民生为先，只要百姓衣、食、住安生得过，其他的都顾不了。"

海瑞的建议很快得到了朝廷的恩准，认为海瑞治水疏通河道之举切实可行。为解民生之涂炭，皇上恩准下臣的奏章，赐海瑞所辖十府等地，治河水利即可速行。

圣旨下达各州府，疏浚工程立即动工。海瑞废寝忘食，日夜亲赴现场，或查验土、石、木料数量与质量，或奖赏开工通河勤勉有功人员，或惩戒贪污腐败之人，工程进展有序，仅用了两个月的时间，历来难以疏通的，苏州河通畅了，淤积的泥沙被清除，多月的积水倾泻出去了，被洪水淹没的田地裸露出来，补种的菜蔬和五谷杂粮的种子补种齐全了。苏州河，多年的泛滥之河，如今就要变成希望之河了。

继疏通苏州河之后，白峁河的疏理通顺工程也提前竣工，在近期内基本解除水患之难。事实胜于雄辩，海瑞治水有方有目共睹，就连反对他的官员们也不得不承认："敢骂皇上的人就是有能耐，连年水灾到底在他的统筹下解决了，万世之功非他莫属了。"

治理水灾以疏通河道，灾民住有居所，补种庄稼成功，生活秩序稳定，这都是战胜自然灾害的重要标志。

海瑞就任应天巡抚，解决水灾问题后，接踵而来的就是清理诉讼案件。海瑞历来憎恶地主、富豪、高官人家兼并贫苦农民的土地田产，所以他尽心尽力地摧毁豪强、恶霸的势力，体恤贫弱民众。

有一道难题摆在海瑞眼前，那就是徐家侵夺田产案件怎么处理。徐家，指的是明朝元老、内阁首辅徐阶。原来，海瑞在审理公案的时候，发现他管辖的苏州、松江府范围内，有不少控告信揭发检举徐家违背法纪，侵夺良田至今未归，影响很坏。

例如，苏州护龙街古玩铺商人陆曾状告徐家仗势欺诈，购买国画不付银两。徐家的家人到陆曾的古玩铺看中了一幅宋代山水画，不付银两不说，还谎称山水画是赝品，并买通吴县县衙，将陆曾痛打四十大板，最终将山水画据为己有。

第二宗案子是太湖东洞庭山农民王六保等多人，状告徐阶的三儿子徐琨骑着高头大马飞奔乡里，践踏茶树树苗数百棵，并把茶树主人王朱氏撞成重伤。王朱氏把徐琨告到县衙，徐琨听说之后不仅不赔偿损失，反而唆使家丁威胁王朱氏，使王朱氏伤势加重。

第三宗案子是华亭县的贫苦农民联名状告徐阶的弟弟徐陟以及二公子、三公子强占、掠夺良田。累积起来有数十万亩。还有七、八份状子都牵涉到徐家，直接与霸占田产有关。

案卷阅毕，海瑞内心很不平静，充满了惊讶、疑虑、沉重等复杂的思想情感。惊讶的是，徐阶的弟弟徐陟，嘉靖二十六年（1547年）身为进士，官至南京刑部侍郎；徐阶的儿子徐陟、徐琨等都是朝廷的官员；还有徐阶的亲戚孙元春，进士，亦官太常卿，后升官左都督。像这样权势显贵的大家族，居然欺压人民百姓，委实令人吃惊。海瑞疑虑的是，徐阶官居一人之下万人之上，从22岁成进士起步入仕途四十余年，口碑颇佳。尤其是在嘉靖年间，奸臣严嵩、严世蕃父子擅权当道，厚颜昏庸，朝臣被迫害致死者很多，人人噤若寒蝉，面对如此情形，徐阶谨慎以待，韬光养晦，终将严氏父子拉下马，为朝廷除了一个大害。另外，徐阶是自己的大恩人，没有徐阶，海瑞早就命丧九泉了。古人云："滴水之恩当涌泉相报。"万一众人状告徐家诸多罪状属实，我该不该秉公决断？

更是海瑞心情沉重的是，地主、豪强、达官贵人大肆侵占良田，备受欺凌的民众向上申诉，反遭州县官衙的迫害，民怨越积越深，矛盾激化后会由经济问题转为明朝的政治危机，后果是不堪设想的。

正确的决定来自正确的判断，正确的判断必须依靠正确的调查研究。海瑞决定亲自查清徐家的问题，特到松江府华亭县去实地了解情况。海瑞乘轿来到徐府，徐阶率其弟与众子侄在大门外数十步远处相迎。海瑞进大厅后，以晚辈身份和诚恳之态，向徐阶深表对当年救命之恩与提拔之情的感激，然后说道："晚生的知恩图报与众不同，想学古人冯谖市义之举，请徐阁老谅解。"

"冯谖客孟尝君"的故事源自春秋战国时代，齐国公子孟尝君有一食客叫冯谖，受孟尝君委托到薛地去收债。他把债券收齐后当众烧掉，只身返回对孟尝君说："对不起，我以你的名义把别人欠你的债券全不要了，而买回了'义'。"后来，齐国政局突变，齐王把孟尝君赶到薛地，薛地的人民百姓因感谢孟尝君不收大家的欠债的情谊，都争先恐后地迎接他。

徐阶闻言，明白了他的来意，问："刚峰老弟真要学冯谖义市吗？"海瑞直截了当地回答："正是！您老位极人臣，享有盛誉，今年逾古稀，又享天伦之乐，福寿俱在，就是缺失一个'义'字，您老能否补得这个'义'字？"

徐阶稍后问："刚峰老弟你就直言明事吧。"海瑞毫不客气地提出要求：首先请您老大义灭亲，把欺诈商人、贫民的您的儿子、侄儿以及家人、亲友，以"负荆请罪"的方式送到州府县衙，听候宽大审理。

其次，请阁老您告诫子孙，今后不准以任何强权势力，特别是不许以您的身份、威望招摇撞骗，更不许对告状的人家打击报复。

最后，请阁老您速行仁义，主动把徐家三四十年来侵占他人的四十万亩民田、良地归还给原主，并向人家赔罪，以求宽恕。

徐阶听到这三项要求，感到很意外，一下子难以接受。他在隆庆二年（1568年）深秋时节辞官回籍，时年65岁。他的辞官回籍也属无奈之举，他提出的改革时弊、裁减冗员冗官、整饬朝纲和严肃吏制这五个主张直接危害了王公大臣和地方官僚的切身利益，遭到非议不说，连给事中张齐这样品级不高的言官也敢上疏弹劾他，而当朝皇帝明穆宗则无所表示，他由此辞官回乡。在他

中国古代著名文臣

辞官回乡之前，其子侄等人就已经做出了违法乱纪的事，等他回乡之后也确实做了一些规劝，但侵占的良田确实已无法归还。

拜访交谈临近结束时，徐阶有个表态，他说："老朽在京为官数十年，不问家事，如果是刚峰老弟列举徐家有不法的事，我会处置，照老弟之言办理。"

事后，徐阶以一家之长为尊，吩咐子侄、总管、账房先生，立即着手清查，做好退回侵占民田的准备工作。

海瑞指令松江府兵备副使蔡国熙和松江府的几位官员驻扎在徐府，厉行监督退田之事。半个月后，徐家把四十万亩良田全部退归给原主，喜得归田的农民们拍手称快，齐声歌颂"海青天"。

海瑞见徐家回归农民良田，徐阶依然值得信赖，便派人把告状的状子送到徐府请阁老大人过目，徐阶看过八份状子之后，自省自责，遂将其弟徐陟、二儿子、三儿子捆绑送往松江府，请求府衙按主动投案自首予以宽判。

徐阶退田四十万亩，亲将其弟和两个儿子送往官府问罪的消息不胫而走，应天十府的一些地方官也把侵吞农民的田地主动退归原主。海瑞不徇私情、大公无私的名声要是远扬四面八方。

徐阶家退田于民的实际效果带有辐射或者说是冲击波的效应，但另有狡诈之人乘机告发地主、豪绅的隐私，从而取得海瑞的信任，掩盖自己的恶行劣迹。仅举一例为证：苏州府有一个暴发户，人称"滚刀肉"，依靠坑蒙拐骗等手段，诈取他人之财而发家，还掠夺贫民的田产数千亩，占为己有。当他看到海瑞派人挨家逐户地清丈土地田产，核算赋税有无弄虚作假现象的时候，唯恐自己暴露，便使用恶人先告状的骗术，揭发检举原任苏州知府李必先，告李知府仗势欺人，豪夺贫农田产一万余亩，至今隐瞒不报。

海瑞选派一些官员去李必先家查验、核对，果然有侵占民田之事，海瑞一怒之下，逮捕了李必先，并判一万亩田产归还原主。事后，李家不服，认为海瑞断案不公，擅自将原任苏州知府李必先投入狱中的做法不妥当，因而多次上告朝廷。

毋庸讳言，海瑞在惩处李先生隐瞒田产的案件中有纰漏之处，特别是对狡诈之徒的诡计缺乏防备，因而给反对他的人留下了口实。

给事中戴凤翔向明穆宗上疏，弹劾海瑞包庇像"滚刀肉"那样的奸诈歹徒，猎取名誉地位而败坏朝政。另一位朝廷言官给事中舒化，继戴凤翔之后上疏弹劾海瑞"为官迟滞又不明白政体"，不能胜任江苏巡抚职务，建议朝廷只安置海瑞一个清闲官职为妥。

一时间，海瑞成了攻讦者的众矢之的。数月后，明穆宗下旨海瑞任督南京粮储。在他将要赴南京上任时，又遭到宿敌高拱的打击报复。穆宗继承皇位后召回高拱，命他吏部主管。高拱和海瑞结怨颇深，高拱对隆庆元年（1567 年）御史齐康弹劾徐阶案中的海瑞支持徐阶的言论，一直怀恨在心。将海瑞的督南京粮储职务合并到户部，而督粮储之职已有人兼管，即使海瑞到任，也只是编外的闲差。海瑞于是称病辞官，返回家乡。世道的险恶，政敌居心叵测的报复，使海瑞不禁慨言愤叹："余垂成中止，奈之何！奈之何！"

然而，值得欣慰的是海瑞任应天巡抚，造福三吴，虽不到半年就被免职，但百姓听说他即将离去，纷纷哭声载道，有的人家还绘制了他的画像纪念他。

人们纪念他，成功治理了吴淞江、白茆河，在一个时期内消除了水患。

人们纪念他，逼乡官如数退田，实行均田均税，减轻了农民的负担，从此过上了安定的生活。

人们纪念他，不惧邪恶势力，刚直不阿，对横行霸道的徐璠、徐琨、徐瑛兄弟三人依法判罪（徐璠、徐琨充军，徐瑛革职为民），让人民百姓扬眉吐气。

七、晚年召用，一生清廉

海瑞于隆庆四年（1570 年）上《告养病疏》，被获准辞官，返回家乡。

海瑞从应天回到海南岛的琼山，开始了清苦的闲居生活。当然，他的心情是苦闷的，因为他的兴利除弊的改革刚刚初见成效，便遇到各种阻力，更得不到皇帝的支持，不能施展抱负，难免心烦意乱。

海瑞在浙江、江西、北京、南京、苏州等地为官数十年，却从来没有添置过田产。此次回籍仍然靠祖上遗留下来的十几亩田地度日，身边也只有年已古稀的老母亲和侍妾（妻子王氏病故），相依为命，生活清贫恬淡。

解职回乡的海瑞，很少与他人来往。他对老母谢氏十分孝顺，感激其丧夫后抚己成才立业的养育之恩。据传，他早在南平县任教谕时，就把母亲接到任上一起生活，因为母亲从 28 岁开始守寡，勤俭持家，这给海瑞留下深刻印象。海瑞在淳安任知县时，有一天自己亲自买了二斤肉，人们都很奇怪，海知县今天是怎么了？他平日连半斤肉都舍不得买呀！后来人们才知道，买二斤肉是为母亲过生日。这件事传了出去，被浙江总督胡宗宪所知，做笑话一传再传，胡宗宪认为海瑞堂堂七品知县，日子过得太寒酸。

知县的母亲过生日，发请柬、办酒席、祝福老人家健康长寿，这在过去可以说是司空见惯的事，知县本人亦可乘机发上一笔或大或小的钱财，这也是买官卖官的一个机遇。可是，海瑞只给母亲买了二斤肉，还被权贵豪吏者讥笑传闻，真是令人慨叹。

海瑞的俭朴是世人皆知的，他的官服只有上朝理事或者有重大拜见活动时才穿，并且多年不易；有一次进京述职穿的是五年前的旧袍，吏部众多官员都为之感动。海瑞的靴子多年不更换，破了之后找鞋匠修补，受到居民普遍赞扬。

明朝官员的俸禄，同唐宋等朝代相比是偏低的，应酬官场上的礼尚往来需要一笔资金，这笔资金从哪里来？一般地说，州府、县皆从税收或向民

众摊派中攫取。海瑞没向老百姓伸手，也没从税收中提取，而是首先减免迎来送往方面的支出。除此之外，他还自己动手创造财富。他曾利用业余时间开垦菜园，用勤劳的双手创造财富，以弥补财力上的不足，这种自力更生，艰苦奋斗的作风，在中国古代官员中是罕见的。

海瑞有"海青天"等称谓，这是人们赞颂他严惩贪官污吏、平反昭雪冤假错案的刚毅风骨。海瑞又有"爱民如子"和"老百姓的父母官"等称呼，是指他为官一日就尽职尽责一天，想方设法为百姓谋求利益，因此深受百姓的爱戴。他每到一地都要派出官员丈量当地土地，然后根据土地的多少确定赋税徭役的高低，从而防止了土地多而赋役少的严重弊病，此举一是减轻了农民的负担，二是控制了土地兼并继续蔓延的势态，三是缓和了阶级矛盾，达到了一举三得的效果。

早在海瑞辞职返乡之前，有人告诉他："琼州一带（在广东海南岛澄迈以东，会乐以北）有人借您的名义放债买田。"海瑞听后立即写信给琼州知府，信中说："生自为官以来，俸余所入，仅仅足用，余无分文可债可贷，田业止祖余量一石二斗，外来增一亩一升，有以二事呼瑞进状者，皆作为也。请台下一查治之，勿少假贷。"

海瑞从任福建南平县教谕到江苏应天府巡抚，当了18年官，从自己薪俸中日积月累了120两银子，才买下了一所住宅。此外便没有什么财产添置了。至于田产，如前所述也只有祖传十余亩。在丈量清算土地面积时，当地县吏为照顾他家，少算了1亩8分，海瑞知道后不答应，执意要照实按田地亩数计算。全家吃用，都从这祖传的10余亩田里出，连温饱都谈不上。

在中国封建社会，发展农业生产至为关键，而发展农业生产离不开兴修水利。海瑞对水利事业极为重视，他在任应天巡抚期间，经实地考察，弄清楚了江苏的吴淞江泄太湖之水，原来沿江田亩都靠这条江水灌溉。年长月久，又不修治，江岸堤防被潮水冲刷腐蚀，造成通道淤堵，每遇狂风暴雨即成水灾，大片田地被淹没，水害连连。海瑞组织府衙官员，发动组织群众，赈济饥民，用工代赈，仅用了56天时间疏通吴淞江，又用30天时间疏浚白茆河，变水害为水利。

"要开吴淞江，除是海龙王。"这是流传于江南民间的两句话，意思是治理吴淞江水患根本没有指望。当时的民众认为，开河通口是朝廷绝不会做的一项大工程，即使做了也得要老百姓出钱。原本做梦都梦不到的好事，如今竟在海瑞大人率领下，美梦成真了。河修好了，老百姓一个子儿也没花。

自从海瑞辞职还乡之后，虽有朝中正义官员多次替他鸣不平，保荐他重新任职，但是，权倾朝野的张居正于 1572 年出任内阁首辅（相当于丞相）执掌国事，后惮于海瑞的孤峭刚直，曾派巡按御史梁云龙去查访海瑞。梁云龙来到琼山探视，海瑞高兴地杀了鸡、煮了玉米款待来客，梁云龙环顾房舍，仅有竹桌、竹椅，冷落凄切，满目萧然，叹息而归。

海瑞由于没有俸金收入，生活不济，只好经常替人书写应酬文章，现留有《赠史方斋升浙藩大参序》《赠李太守母七十寿诞序》《贺屈之礼生子序》等十余篇墨迹存世。这些情况，印证了海瑞晚年在琼山茅舍生活的拮据，不得不以笔墨之劳获取薄酬，缓解生计之不足的窘境。

海瑞虽然在家乡过着简朴的日子，但心念国事民情，有些地方官员仰慕他的人品，常常写信询问有关政事，海瑞一一复信作答。留存至今的有《奉分巡道唐敬亭》《复唐敬亭》等真迹。信中内容涉及如何清丈田地、平均赋役等问题。还有《启殷石汀（正茂）两广军门》等多封书信，建议要防范倭寇，并提出策略方法。他论述国事，仍然直言不讳，对官军不能平寇、官吏不能抚民的现状，非常愤恨。

万历十年（1582 年）张居正因病故去。不少官员向明神宗上疏告发张居正贪赃枉法，张家财产被抄，封爵被剥，被张居正排挤打击的官吏被神宗重新启用，其中就有海瑞。

万历十三年（1885 年）的正月初十，朝廷任命海瑞为南京都察院右金都御史，后来又改为南京吏部右侍郎，（明朝自永乐皇帝迁都北京，仍在南京保留中央政府组织，和北京同时设有吏、户、礼、兵、刑、工六部，分管各有关政务。各部长官叫做尚书，副长官叫做侍郎）这时海瑞已经 72 岁了。年纪虽长，可他的刚毅廉洁的作风仍不减当年。

同年 2 月 20 日，海瑞怀揣圣旨，在家人海安

的陪护下前往南京（应天）上任。一路上，为避免沿路官府的应酬客套，"琼山海府"的灯笼没有悬挂，他身穿青衣，头戴小帽，但神态依然精神抖擞。他曾对人说道："主上有特达之知，臣子不可无恃之报，奚取焉！"

海瑞上任伊始发出布告：严禁向新任官员馈赠礼，严禁接风宴请。在朝廷做官和在家不一样，各级衙都均该前来祝贺送礼，"此酬彼答，费精劳神，挥霍钱财，殊为虚伪"。海瑞率先垂范，把已经送来的贺礼一律送回，这样一来就再没有人敢来送礼赠银了。

海瑞发出的第二个布告：严厉禁止在京各衙门以各种事由向百姓摊派物品或银两；除了原先规定的必要的供应之外，一分一文不准多取，否则严惩不贷。

明朝中后期的吏制严重败坏，贪污、贿赂成风；官吏搜刮百姓的现象非常普遍，正如著名政治思想家黄宗羲所说："二百余年，天下金银纲运至于燕都，如水赴壑。"海瑞对这些腐朽和东西深恶痛绝，为此，他发布了第三个告示："本臣倘若不为民不为公而随心所欲地乱用滥支府库银粮，各州县可鸣鼓攻之，自己决不自赦。"

在发布公告期间，海瑞与房寰之争引起轩然大波。房寰系朝廷提学御史，他反对海瑞提出仿效明太祖朱元璋惩办贪官的法律，即洪武三十年（1397年）对贪官枉尘者剥皮囊草以及贪赃八十贯论绞的律法。他诬告海瑞本是一介寒士，却以圣人自诩；"清平之世，创闻此不祥不语"，他还挑拨皇帝朱翊钧与海瑞的关系，让海瑞失去了朝廷的信任。

值得注意的是，皇帝朱翊钧对如此大事大非的问题，以"是非自有公论"为由来了个无加可否的表态，助长了房寰的气焰。海瑞上书力驳房寰，揭露其多种劣迹，使房寰狼狈不堪。

万历十五年（1587年）十月十四日，在这个风雨交加的秋夜，海瑞因病诀别了人间尘世，逝于任上，享年73岁。

临终前三天，兵部官员送来的柴薪费多出了七钱银子，海瑞命令家人如数退回。海瑞弥留之际，守护在他身边的除了家人海安之外，还有南京金都御史王用汲等人。

海瑞病故与心情抑郁有关，海房之争越演越烈，一批有正义感的进士，如顾允、诚彭遵古等都拥护海瑞严惩贪官的主张，但被皇帝朱翊钧以进士不该"多言多语"为由逐出京城，由此可见皇上是偏袒房寰的。海瑞申请告老还乡，皇上又不应准，加上年迈体弱，海瑞一病不起。

海瑞已殁，王用汲负责清理他的家产，有余银十几两，有葛布制做的帐幕和已破旧的竹制用具，还有多次修补过的衣衫，王用汲看过之后不禁落泪，并凑钱为海瑞办理了丧事。南京的缙绅同情海瑞，南京的市民怀念海瑞，护送海瑞遗体归葬的船只出现在江面的时候，两岸上的群众身披白布，眼含热泪，手捧祭酒向海瑞遗体告别。

"号泣如朝考妣，倾城皆至舟次，罢市数日。"（《金陵锁事》卷2）人民百姓感恩戴德，争相为其作画、立像、筑祠，甚至街谈巷谈："相传公已为神。"

上述记载、传说，反映了人们对海瑞当政为民功绩的赞许，反映了人们对他的深切怀念，反映了人们对他的崇敬。

当朝皇帝明神宗朱翊钧自知愧对海瑞，连忙下达圣旨给江南督抚，要厚葬海瑞，并加封太子少保，谥忠介。

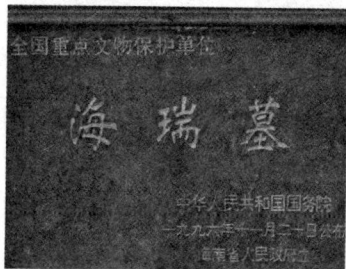

全国重点文物保护单位
海瑞墓
中华人民共和国国务院
一九九六年十一月二十日公布
海南省人民政府立

八、名扬四海,千古流芳

"我们从十几岁时,就闻听海瑞的美名,认为是当代的伟人,永远为人敬仰,这是任何人都及不上的。"这是三位年轻的进士,在万历十四年（1586年）说过的话。海瑞去世的前一年,被人诬告,进士顾允成、彭遵古、诸寿贤三人替海瑞辩诬申救而写的文章中有类似的话,可看作当时青年人对海瑞的普遍评价。

"海刚峰不怕死,不要钱,不吐刚茹柔,真是铮铮一汉子。"这是《四友斋从说》第13卷中对海瑞一生的评价。海瑞冒死上疏的刚直不阿的精神,一世为官克己奉公的高贵品质,得到了人民群众的拥护和爱戴。

披鳞直夺比干心,苦节还同孤竹清。

尤隐海天云万里,鹤归华表月三更。

萧条棺外无余物,冷落灵前有草根。

说与旁人浑不信,山人亲见泪如倾。

这是明代苏州人朱良写的歌颂海瑞的诗。朱良亲眼目睹海瑞去逝后的所谓遗产: "竹笼一只,内有俸余八两,旧衣数件而已。"如此简朴的遗物,居然是官居朝廷正三品的高官的全部财产,连发丧买棺木的钱都是同乡好友苏民怀和一些士大夫凑集的,令人感慨万分。朱良担心后人不相信世上还有这样的事,才挥毫写下这首诗以作凭证。

千古良相——诸葛亮

　　诸葛亮是三国时杰出的政治家、军事家，被誉为"千古良相"。　27 岁时受刘备三顾之礼，出山辅佐其开创基业。刘备称帝后，拜为丞相。刘备伐吴失败，托孤于白帝城。诸葛亮又开始忠心辅佐幼主，外联东吴，内修政理，南抚夷越，北伐曹魏。在第五次北伐时因积劳成疾逝世于五丈原军营中。其"鞠躬尽瘁，死而后已"的高尚品格，千百年来一直为人们所敬仰和怀念。

一、"卧龙"出世

（一）家学丰厚

诸葛亮，字孔明，公元181年（东汉灵帝光和四年）出生在徐州琅邪国阳都县（今山东沂南）。诸葛氏原本姓葛，籍贯隶属于诸县（今山东诸城，西汉时隶属琅邪），后来迁徙到阳都县。因阳都县先前存在葛姓之人，时人便把后迁入之人称为"诸葛氏"，意思是从诸县来的姓葛的人。

一个人的成长与环境有着密切的关系。诸葛亮出身于仕宦之家，少年时代成长在齐鲁大地，家学丰厚。

追溯至西汉，其远祖诸葛丰，字少季，宣帝时因为"明经"任郡文学，掌管教授儒家经典。他凭借刚直的品行升迁，元帝时为司隶校尉。此人为官正直清廉，"刺举无所避"，敢于揭发权贵的不法行为，很多不轨官员畏而远之。当时的京师曾流传说："间何阔，逢诸葛！"也正是因刚直，他得罪了很多小人。为了报复，这些小人在皇帝面前多言其短，这导致诸葛丰被连续降职，最终被免为庶人，终老在家，其忠心耿耿，刚正不阿的美德受到时人和后人的赞许。这样一位祖先对诸葛亮产生了很大的影响。我们可以推测诸葛亮在《出师表》对"亲小人，远贤臣"之祸害的感叹，可能就与诸葛丰有关系。诸葛亮之父诸葛珪，字君贡，通经学，东汉时曾担任太山郡丞，有一定的政治地位。诸葛珪所生活的年代，正是东汉政治日益腐败、黑暗的时期。他给长子取名诸葛瑾，希望他向美玉一样洁白，也希望朝廷能像玉一样洁净。诸葛亮的名字也是诸葛珪所起，意在让这个孩子发扬家族光明正直的家风，也是希望黑暗的朝政能变得光明起来。诸葛亮叔父诸葛玄，曾任豫章太守，在社会上有很高的地位和名望，同当时世家大族袁术和荆州牧刘表关系密切。诸葛亮出生在一个具有优秀家风的家族，这是一个嫉恶如仇、正气凛然的家族，从诸葛丰身上就有所体现；这同时又是一个重知识学问、讲求博学广闻的家族，诸葛家族累世经学，从诸葛亮的父亲、叔叔与汉末名士刘表、朝中公卿袁氏的密切关系中可以看出，他们都是名流之士。诸葛亮的哥哥诸葛瑾，字子瑜，自幼刻苦好学，年纪不大就到京师游学，在洛阳最高学府——太学学习《诗经》《尚书》《左传》等儒家经典。诸葛瑾很能遵守儒家孝悌之道，"遭母忧，居丧至孝，事继母恭谨，甚得人子之道。"在这种家庭环境中，诸葛亮也从小就养成了良好的学习习惯。

除家庭环境的促进之外，家乡的进步学风也在很大程度上影响了诸葛亮。琅邪邻近古代儒家思想发源地齐、鲁两国地界。我们不可否认诸葛亮奉行的是儒家思想。琅邪学风主要接受齐学的影响，主张经世致用，合乎时宜。诸葛亮14岁之前，正当接受启蒙教育之时都是在这里生活的，他的思想奠定于少年时期，这和家学的进步性有着密切的关系，同时又是与家乡的进步学风和浓厚的学术氛围是分不开的。正是"家学渊源"，诸葛瑾如此，诸葛亮也是如此。陈寿在《三国志》中就说过诸葛亮"少有逸群之才，英霸之气"。

（二）避难荆州

诸葛亮大约14岁时离开琅邪，远到荆州避难。此处之"难"主要指战祸之乱，根源是东汉腐朽黑暗的政治造成社会矛盾激化。

我们可以将此时的主要矛盾发展趋势分为三个阶段：

第一阶段：东汉统治阶级内部矛盾斗争日趋激烈，典型代表是历史上的"党锢"事件。

当时的汉灵帝刘宏昏庸腐败，贪婪无比，整日忙于卖官敛财。宦官集团在与外戚集团斗争中逐渐占据上风，日渐把持朝政。他们仗势胡作非为，欺压百姓，却深得皇帝宠爱。据史料记载，汉灵帝常说："张常侍（张让）是我公，赵常侍（赵忠）是我母。"张让和赵忠都是当时有名的大宦官。宦官集团腐败的统治阻碍了许多正直有识之士的正常升迁，令朝政日

益黑暗，这激起了耿直派官僚和太学（当时国内最高学府）生的反抗。耿直派由于正直敢言，被称为"清流"，宦官势力则相对被称为"浊流"。斗争过程中，宦官集团因依仗皇帝的权力残酷打击"清流"，把他们称作"党人"，一部分"党人"被杀害，另一部分则被终身禁锢，不得做官。这就是历史上的"党锢"事件，以"清流"的失败结束。

东汉末年共发生了三次党锢事件，都是在汉灵帝统治时期。"党锢"事件充分暴露了东汉政治的黑暗，加深了东汉统治危机。

第二阶段：以统治阶级与被统治阶级的矛盾斗争为主，集中表现为公元184年（汉灵帝中平元年）爆发的黄巾大起义。

黄巾大起义是一次规模浩大、有组织的农民起义。因起义群众头上裹有黄色头巾的标志，所以称为"黄巾起义"。起义首领是巨鹿（今河北平乡）人张角、张梁和张宝兄弟三人，他们利用"太平道"这一宗教形式联络群众，张角提出"苍天已死，黄天当立，岁在甲子，天下大吉"的十六字口号，"苍天"指东汉朝廷，"黄天"指太平道，"甲子"指甲子年，即公元184年，约定在这一年发起反抗大起义，推翻东汉朝廷。

因苦于朝廷腐朽的统治，黄巾起义受到百姓的热烈拥护，旬日之间，天下响应。起义军带领群众打击贪官污吏，烧毁官府，沉重打击了东汉的统治，对首都洛阳形成了巨大威胁。此时为了全力打击起义军，汉灵帝赦免了禁锢的"党人"，缓和内部矛盾，然后选派将领去各地镇压起义军。黄巾军勇往直前，把镇压的官军打得狼狈至极，如：活捉了安平王刘续和甘陵王刘忠，打败中郎将卢植和董卓。虽然黄巾军奋勇非常，但是由于寡不敌众，又缺乏作战经验，黄巾起义最终以惨痛失败告终。

第三阶段：黄巾起义被镇压后，统治阶级内部矛盾又重新激化，主要表现为各地地主武装割据势力发展，形成军阀混战局面。

公元188年，汉灵帝为了加强中央对地方的控制，选择亲信宗室大臣担任州牧，授予一州的领兵治民之权。这样，在中央和郡之间便多了"州"一级政权机构，并且给了那些担任州牧的权臣乘机扩大自己武装势力的机会。公元

189 年，灵帝死，少帝刘辨即位，外戚何进控制朝政。宦官集团便再一次与之进行了混乱的争权斗争，最终，凉州军阀董卓领兵入洛阳，废了少帝刘辨，立刘协为汉献帝，从此残暴的董卓又开始把持朝政，持续多年的外戚和宦官之间的斗争宣告结束。其他军阀又群起讨伐董卓，为了争夺土地和人口，相互间也频频发生兼并战争，总之战乱不断。长期的战争使百姓大量流散死亡，田园荒芜，印证了诗句中"白骨露于野，千里无鸡鸣"的惨象。

战火的硝烟也波及到了诸葛亮的家乡徐州琅邪，于是，诸葛亮 14 岁那年和姐弟一起随同到豫章上任做太守的叔父诸葛玄离开了家乡前往豫章。诸葛亮离开家乡时，父母均已去世。诸葛玄上任不久又被朝廷罢免。公元 195 年，诸葛亮 15 岁时，诸葛玄把诸葛亮等带到荆州，投奔荆州牧刘表，开始了新的生活。

（三）躬耕隆中

刘表，字景升，出身皇室，为人正直，气度不凡，是当时的名士，被称为"八俊"之一。"俊者，言人英也"，即被称为"八俊"的人都是人中的英杰。刘表对争雄的事业持观望态度，不思进取。但是他注重团结稳定内部，"爱民养士"、"起立学官，博求儒士"，使荆州成为战乱中相对安定的静土，流民和大量士人豪杰纷纷涌入。

诸葛玄在荆州做了刘表的幕僚。诸葛亮和诸葛均在刘表开办的"学业堂"中读书，学习和生活都有了着落。

公元 197 年，诸葛亮在荆州的稳定生活又有了变故：叔父诸葛玄去世，此时诸葛亮 17 岁，姐姐已经出嫁。他决定自力更生，于是在刘表的帮助下，诸葛亮在襄阳城西的隆中开垦了一块田地居住了下来。

诸葛亮在隆中过的是半耕半读的生活。据《三国志》记载，诸葛亮在这个山村里结"草庐"而居，还"躬耕"田地。对此我们是很容易理解的，诸葛亮自离开家乡外出避难以来，过的一直是寄人篱下的生活，他和家人毫无家资财产，生活起居无任何保障，诸葛亮和弟弟只能亲自参加劳动补贴家用。山中朴素清贫的生活以及在劳动中和百姓的接近使诸葛亮深入了解了劳动人民的生活状态和思想感情，这对诸葛亮政治思想的形成有着重要的影响。除劳动之外的大多数时

间，诸葛亮都是闭门苦读。在隆中这个安静的地方，他如饥似渴地阅读学习，收获很大。诸葛亮隐居隆中十年加之在襄阳的两年时间是他一生集中学习的主要时期。他主要学习的是儒家经典，同时也兼顾了其他方面的许多书籍。据史料记载：诸葛亮曾亲自抄写了《申》《韩》等法家著作给后主刘禅。同时，他还熟读了《孙子兵法》《史记》《汉书》《东观汉记》等兵书和史书。诸葛亮学习讲究学有所用，他博览群书，"独观其大略"，不咬文嚼字，而是着重于领会书中的精神实质。

隐居隆中期间诸葛亮结交了很多好朋友。他厌恶"势力之交"，据《诸葛亮集》记载，诸葛亮曾说："以权势钱财的交往很难禁得起时间的考验。读书人之间应交知心朋友，就好比草木温暖时不随便开花，松柏寒冷时不该换枝叶，能够在四季的变化中不衰败，经历险阻后的友情更加牢固。"诸葛亮此时确实结交到了一群推心置腹、志同道合的好朋友。如：博陵（今河北蠡县南）的崔州平，颍川（今河南禹县）的徐元直（徐庶）、石广元，汝南（今河南平舆县）的孟公威。

同时诸葛亮还注意结交荆州地区有声望的名士，向他们请教，以增长自己的知识，扩大自己的政治影响。荆州有声望的大族主要有庞、黄、蒯、蔡、马等家族，诸葛亮和这五大家族都有交往。庞家庞德公被人尊称为"庞公"，他见多识广，诸葛亮经常登门虚心请教。庞德公很有识人之明，他非常器重诸葛亮，称赞他为"卧龙"，即蛰伏在大泽中的龙，一旦得机遇就会飞入云霄。这个美称的传播使诸葛亮的名气越来越大。诸葛亮也因此机缘与庞德公的侄子，当时被盛赞为"凤雏"庞统结识。庞统后来曾和诸葛亮一起同为刘备的军师中郎将。马良和马谡家住距襄阳很近的宜城。马良字季常，兄弟五人，才气远近闻名。乡谚曰："马氏五常，白眉最良。"因马良眉中有白毛，故以"白眉"代称马良。马良和马谡都与诸葛亮有深厚的友谊，后都成为刘备的得力助手。黄承彦，是沔南名士，因赏识诸葛亮把女儿许配给了他，此女子长相丑陋，但是很有才德，诸葛亮欣然答应。当时曾有人打趣说："莫作孔明择妇，止得阿承（黄承彦）丑女。"由此我们可以看出诸葛亮看中才德的品质。诸葛亮在同这些名士的交往中增长了学识和才干，逐渐成为荆州地区青年士人的杰出代表人物。

他在隆中隐居的十年间政治思想逐渐成熟，社会影响逐渐扩大。

二、喜遇名主

（一）受顾茅庐

诸葛亮隆中隐居的十年，东汉政治形势发生了急剧的变化。各路军阀通过连年混战兼并，势力强弱逐渐趋于明朗化。

中原地区，曹操的势力发展得最快。

曹操（公元 155 年——公元 220 年），字孟德，沛国谯县（今安徽亳州）人，出身于官僚地主家庭。父亲曹嵩是大宦官曹腾的养子。曹操"少机警，有权数，任侠放荡"。随着年龄和阅历的增长，曹操立志改变东汉政治腐败、社会动荡的局面，于是，他开始博览群书，尤其是兵书。我们可以说，曹操的文韬武略在年轻时就已经打下了坚实的基础。大名士许劭对他的评论是"治世之能臣，乱世之奸雄"。

公元 174 年（汉灵帝熹平三年），曹操初登政治舞台，任洛阳北部尉。他执法严明，不畏权贵。黄巾起义爆发后，曹操任骑都尉，随皇甫嵩和朱儁镇压颍州黄巾军，因军功升为济南相。公元 188 年，又做典军校尉。公元 190 年讨董卓后，为东郡太守。公元 192 年（汉献帝初平三年），又领兖州牧，率军打败青州黄巾军，得降卒三十万。曹操于是挑选精卒组成"青州兵"，以兖州为根据地，向外发展势力。公元 196 年（汉献帝建安元年），曹操迎接汉献帝迁都到许（今河南许昌），他开始"挟天子以令诸侯"，任大将军，封武陵侯。之后，经过多次战争，他消灭了徐州的吕布、扬州的袁术，降服南阳的张绣，控制了黄河以南的大片地区。后来他又通过官渡之战，以少胜多，打败了袁绍，最终长江以北广大地区基本都控制在手。

在江东，孙氏的势力也有了很大的发展。

孙坚，孙权之父，字文台，吴郡富春（今浙江富阳）人。因曾参加镇压黄巾起义有功，被封为乌程侯，任长沙太守。后又因讨董卓，被袁术举荐为破虏将军，

豫州刺史。公元 191 年，在进攻刘表部将黄祖时战死。孙策，孙权的哥哥，字伯符，统领孙坚部众向江东地区发展，先后打败扬州刺史刘繇、割据江东的许贡和王朗等，基本控制了扬州的广大地区。曹操以孙策为讨逆将军，吴侯。在张昭、周瑜等人的辅佐下，孙策的实力得到了很大的发展。孙策与周瑜同年，同娶乔家之女而结为内亲。公元 202 年，孙策死，年仅 19 岁的孙权统领其众，重用周瑜、鲁肃和张昭等人，继续发展壮大。这时候，诸葛亮的兄长诸葛瑾也来到孙权的身边，受到孙权的重用。

随着曹孙势力的逐渐壮大，各自都伺机攻打控制对方。公元 202 年（建安七年），曹操让孙权送子弟去许都做人质，意欲控制孙权的发展。孙权集合众谋士的意见，拒绝曹操并且率兵攻打曹操的江夏太守黄祖，大败之，进而谋求夺取荆州。正在孙权等待时机的时候，曹操却抢先南下意欲夺取荆州。

正在曹孙双方都雄心勃勃的发展壮大之时，刘备却只是辗转依附于各个军阀，尚无固定的根据地。

刘备（161——223 年），字玄德，涿郡涿县（今河北涿州市）人，西汉景帝之子中山靖王刘胜的后代，因支系疏远，家世没落。祖父刘雄，任过县令。父亲刘弘，只做过郡县小吏，很早过世，家境清贫。少年刘备同母亲一起靠织席卖草鞋维持生计。《三国志》中记载："（刘备）少言语，善下人，喜怒不形于色，好交接豪侠，年少争附之。"公元 184 年，刘备在中山同关羽和张飞结拜为异姓兄弟，之后一起组织地主武装协助东汉政府军镇压黄巾起义军，因功做安喜县尉。但是刘备的仕途并不顺利，十多年来，他只是辗转依附于公孙瓒、陶谦、曹操、袁绍、刘表等各个军阀，过着寄人篱下的日子，并没有机会很好地发展壮大自己的力量。刘备决心争取有智谋的名士辅佐自己。他在与襄阳地区的名士接触中，注意物色人才。此时，司马徽和徐庶同时向刘备推荐了诸葛亮。于是，公元 207 年冬季，比诸葛亮年长 20 岁的刘备亲自到隆中去请诸葛亮出山辅佐自己成就大业，这就是历史上传为美谈的"三顾茅庐"。《三国志》中明确记载了这一事件："由是先主遂诣亮，凡三往，乃见。"诸葛亮在《出师表》中也曾说："先主不以臣卑鄙，猥自枉屈，三顾臣于草庐之中。"这足以证明"三顾茅庐"的可信性，也足以证明刘备对诸葛亮的诚挚态度。

（二）隆中对策

诸葛亮虽然隐居世外，但是对天下局势了如指掌：当时，曹操已经统一中原地区，声势显赫；孙权雄跨江东，兵强民富；刘备虽然征战多年，却仅有新野小县。但他深知，刘备作为汉宗室后代，享有极高的声望。

刘备、诸葛亮君臣相遇之时，刘备已经 47 岁，而诸葛亮还只是 27 岁的青年书生，论地位，论年龄，和刘备都相差甚远。可是，刘备丝毫没有因此而小看诸葛亮，相反，他诚恳地向诸葛亮请教发展大计。刘备说："汉朝衰落，奸臣把持朝政。我想伸张大义，恢复汉室，只是我才疏德薄，多年奔走，没有成功。请先生指点我该怎么办。"诸葛亮被刘备的谦虚和推心置腹深深打动，于是就把长期深思熟虑的统一天下的谋略告诉给了刘备。

诸葛亮首先为刘备分析了天下的形势，提出了联吴抗曹的战略方针。

"自董卓以来，豪杰并起。曹操比于袁绍，则名微而众寡，然操遂能克绍，以弱为强者，非惟天时，抑亦人谋也。今操已拥百万之众，挟天子以令诸侯，此诚不可与争锋。孙权据有江东，已历三世，国险而民附，贤能为之用，此可用为援而不可图也。"

在此诸葛亮实事求是地分析了曹操和孙权的强大力量，并且从中为刘备找到了可行之路，那就是联合孙权的力量共同对付曹操。

接着，诸葛亮又向刘备提出以荆州和益州为基础，进而统一天下的策略。

"荆州北据汉、沔，利尽南海，东连吴会，西通巴、蜀，此用武之国，而其主不能守，此殆天所以资将军，将军岂有意乎？益州险塞，沃野千里，天府之土，高祖因之以成帝业；今刘璋暗弱，张鲁在北民殷国富而不知存恤，智能之士思得明君。"

诸葛亮这段分析，就是告诉刘备，欲求发展，兴复汉室，荆州和益州是必先占领的根据地。

最后，诸葛亮为刘备总结了平定天下、兴复汉室的最终目标。

"将军既帝室之胄，信义著于四海，总揽

英雄，思贤如渴，若跨有荆、益，保其岩阻，西和诸戎，南抚夷越，外结孙权，内修政理；天下有变，则命一上将将荆州之兵以向宛、洛，将军身率益州之众出于秦川，百姓孰敢不箪食壶浆以迎将军者乎？诚如是，则大业可成，汉室可兴矣，此亮所以为将军谋者也。惟将军图之。"

在这里，诸葛亮确定了占据荆州和益州后的具体任务，主要是：巩固地盘，改善政治，改善同周边少数民族的关系，稳定内部，积蓄力量，为北伐创造条件。

这就是诸葛亮为刘备规划的全部战略目标，被称为《隆中对》。《隆中对》中对时局的分析是客观准确的。它根据各割据力量之间的力量对比和发展方向，提出的战略方针是切实可行的，实现步骤也是一环扣一环。《隆中对》规划确定的近期目标是完成霸业，三分天下；最终目标是统一全国，兴复汉室。

《隆中对》是诸葛亮长期研究思考的产物，是他十年的心血，涉及政治、军事、经济、地理和外交等多个方面，这深深打动了刘备，为刘备理清了胸中的思绪，使他思虑已久的战略计划豁然成形。刘备当即邀请诸葛亮加入他的政治集团。诸葛亮有感于刘备的真诚，欣然答应。这次君臣相遇对双方来说都是可喜的：刘备得遇贤才，诸葛亮得遇明主。从此，君臣共同成就一番经天纬地的大事业。

三、赤壁之战

（一）结交刘琦

　　刘备自公元201年（建安六年）投奔刘表，在荆州一住数年，虽一再遭受刘表的限制和排挤，但刘备的影响日渐扩大。《三国志》中就曾对此有过描写："荆州豪杰归先主（刘备）者日益多。"诸葛亮也一直为刘备集团的发展寻找机会。

　　荆州牧刘表有二子，长子刘琦，次子刘琮。围绕着继承权的问题，荆州统治集团内部产生了矛盾争斗。刘表原本打算遵行中国古代礼法惯例：立长子为继承人。但是，刘表后妻蔡氏将亲侄女许配了次子刘琮，于是蔡氏及其弟掌握兵权的蔡瑁便极力拥戴刘琮，贬损刘琦，这使得刘表的立场发生了转变，"爱少子深，不悦于琦"。刘琦渐感势单力孤，有性命之忧便诚恳求计于诸葛亮。据《三国志》记载，诸葛亮只对刘琦讲了一句话："君不见申生在内而危，重耳居外而安吗？"申生是春秋时代晋献公的太子，晋献公因宠爱骊姬，所以想重立骊姬之子奚齐为太子，继承君位。申生在重重迫害之下，自缢身亡。申生之弟重耳出逃在外，几经磨难，在晋献公死后重返晋国，成为晋文公。刘琦在这个历史典故中找到了自己的安全出路：外出任职，借机发展势力，东山再起。公元208年春，孙权率众杀死江夏太守黄祖，"虏其男女数万口"而归。刘琦便乘机请求外任江夏太守，率众屯兵夏口（今湖北武汉市）。刘琦因此十分感激诸葛亮。诸葛亮同刘琦的结好，正是为日后可以控制和利用刘琦力量作为外援准备了条件。日后形势的发展也印证了诸葛亮决策的正确性。

　　此时，"挟天子以令诸侯"的曹操加紧训练兵马，准备南取荆州。大敌当前，刘表求助于刘备，派刘备屯兵樊城（今湖北襄樊市）以护保襄阳。樊城与襄阳相距很近，这为刘备相机夺取荆

州提供了良机。公元 208 年 7 月，曹操率军大举南征荆州，刘表病死，次子刘琮继任荆州牧，因惧曹威势投降了曹操。出于敌众我寡的考虑，刘备及诸葛亮率军向军事重地江陵方向撤退，同时派人向江夏刘琦求救。刘备军队路过襄阳时，"荆楚群士，从之若云"，百姓也大批随从。经过长途艰难跋涉，众将领的奋力拼杀，以及刘琦的及时救援，刘备一行虽然在江陵方向被截断，但最终安全到达江夏刘琦处。事实证明，刘琦果然起到了外援作用。重要的是诸葛亮结好刘琦一方面对后来的赤壁之战起到了积极的作用，另一方面对日后成功占据荆州也有重要作用。

（二）联吴抗曹

公元 208 年九月，曹操亲自率领大军顺利占据江陵，紧接着收编刘琮军队七八十万人，表彰荆州投降有功人员，以刘琮为青州刺史，封列侯，《三国志》记载："蒯越等侯者十五人""多至大官"，同时曹操还派人对荆州江南四郡——长沙、武陵、零陵和桂阳进行成功招抚，荆州地区不少士子归附于曹，远在益州的刘璋也望风而降。一切安定后，曹操下令"荆州吏民，与之更始"，开始除旧布新。一时间，曹操势力和士气大增，有一举消灭刘备和吞并江东孙权的野心。在大举积极备战的同时，曹操派人向孙权下战书，书中说："近者奉辞伐罪，旄麾南指，刘琮束手。今治水军八十万之众，方与将军会猎于吴。"东吴群臣观书后"莫不响震失色"。

强敌压境，联合抗曹成为孙权和刘备双方迫在眉睫的选择。刘表刚死时，鲁肃就曾向孙权提及联合之事，并奉孙权之命借吊孝为名去荆州查探情况，孰料未到荆州，半路逢刘备退兵队伍，交谈中，鲁肃和诸葛亮联吴抗曹方针不谋而合，于是鲁肃安排刘备队伍进驻到鄂县（今湖北鄂城）之樊口。诸葛亮看准时机，主动同鲁肃前往东吴，面见孙权，陈说联合抗曹方针。应该说最初孙权对联吴抗曹方针的成功实施是缺乏信心的。诸葛亮根据当时的形势，针对孙权思想上的疑问和犹豫，坦诚分析敌我力量的客观情况，锐利地指出曹军弱势，"强弩之末，势不能穿鲁缟"是诸葛亮对曹军的客观评价。孙权听罢诸葛亮的评价，增强了很大的信心，但是，东吴内部观点产生矛盾，东吴内部分为主战和主降两派。张昭和秦松惧曹声势，主张不战而降。《资治通鉴》卷六十五记载了张昭的论说："曹操像豺狼猛虎一样，挟天子以征四方，动不动就以朝廷为辞，今日拒之，事更不顺。将军以前可以依靠长江天险抗拒曹操，现在曹操占据荆州，有了水军，水陆俱下，我们已经失去了我方这个优越的条件。况且双方力量众寡悬殊，根本不能相比，投降才是上策。"张昭的观点代表了东吴大多数将领的意见。主战派人物是鲁肃和周瑜。在一片"劝权迎之"的议论声中，鲁肃一言未发，之后，他将在鄱阳的周瑜请回。周瑜对主降派理直气壮地陈说了曹军远来的不利之处：第一，曹军南下，后方不稳定；第二，曹军北方士兵不习水战，此是舍长就短；第三，隆冬季节，曹军草料不足；第四，曹军远来之兵水土不服，必生疾病。在周瑜的极力主战下，主降派哑口无言。联合抗曹方针准备实行。从中我们可以发现，诸葛亮和周瑜对曹军致命弱点的看法是不谋而合的，正所谓："英雄所见略同"。

诸葛亮的智慧赢得孙权的钦佩，孙权很想留其为己所用，于是曾先后派张昭和鲁肃进行劝说，但都遭诸葛亮的拒绝。裴松之认为，诸葛亮与刘备的君臣相遇是"希世一时，终始之分，谁能间之"。

随即，孙权以周瑜为左都，程普为右都，鲁肃为赞军校尉，率三万精兵随同诸葛亮去樊口会合刘备，共同迎击曹军。诸葛亮出使东吴，联吴抗曹的使命算是圆满完成。孙刘联盟的实现是符合当时的军事形势和孙刘双方共同利益的。在这其中，诸葛亮和鲁肃都是功不可没的。

（三）火烧赤壁

公元 208 年十一月，孙刘联军沿江西上，进军赤壁。不出诸葛亮和周瑜所料，曹操军队到了赤壁，已经染上疾病。刚刚一交战，曹军就打败仗。曹操把船舰退回江北驻扎，和联军隔江对峙。曹军因受不了风浪颠簸，用铁索把船舰联结起来。周瑜部将黄盖，看准了这个弱点，向周瑜献上火攻之计。之后，此二人上演"苦肉计"，

赤壁之战

周瑜以黄盖动摇军心为名，痛打黄盖。此事被混入周瑜帐下的蔡和、蔡中密报曹操。此后，黄盖派人到曹营诈降，曹操对此深信不疑，并约好"投降"时间。而后，黄盖准备了十艘大船，满载干燥的柴草，浸过油液，船外又用布幕蒙住，插上旗帜，船后又拴上轻便的小船，以便大船起火时转移。

这一天，正好东南风起，黄盖指挥船队向北进发。船到江心，扯起风帆，直驶曹营。曹军将士望见这些船只，以为是黄盖率部来投降，所以未加阻拦。当船队离江北曹营还有二里左右的时候，大船突然起火，火借风势，船行如箭，奔向曹军水寨。曹军的船舰连在一起，一时又拆不开，迅速燃烧起来。于是，曹军所有船只顿时陷入一片火海。紧接着，火势又蔓延到岸上曹军营寨。曹军人马被烧死和淹死的不计其数。

孙刘联军趁势进攻，把战鼓擂得震天响。曹军一片混乱，曹操只得带领残兵败将经华容道逃走，通过泥泞小路，好不容易才脱险。据史料记载，曹军逃跑时"陷泥中，死者甚众"。孙刘联军水陆并进，乘胜猛追，一直追到南郡。曹操逃至江陵后，得知东线孙权有向合肥进攻的迹象，担心自己后方出事，便留下曹仁和徐晃守住江陵和襄阳，自己则退回北方。

赤壁之战是我国历史上以少胜多、以弱胜强的著名战役。此战，赤壁之战，曹操损失巨大，"时操军兼以饥疫，死者太半（超过半数）"。孙刘联军取得大胜，为以后三国鼎立奠定了基础。这次大战，担任联军主帅的是周瑜，献火攻计的是黄盖。精通兵法的诸葛亮，在军事指挥上也发挥了很大的作用。这次大战取得胜利的基础是孙刘联盟的合力抗曹，从而避免了被曹操分别击破的危险。在这方面，两家的政治家诸葛亮和鲁肃的远见卓识发挥了重要作用。特别是诸葛亮，在刘备大败之后，处于极其危险的时刻，帮助刘备转危为安，不能不说这是他初出茅庐的第一功。

四、助刘备创基

（一） 智"借"荆州

赤壁之战后，曹操兵败退回北方，重点进行战略防御，同时着力于分化孙刘联盟。孙权、周瑜则继续领兵追击曹军。经过一年多的较量，曹军被迫放弃江陵重镇。周瑜占据了江陵及其东大片的土地。孙权任命周瑜为南郡太守，驻守江陵，程普为江夏太守，控制沿江一带。刘备则在战后向荆州南部的武陵、长沙、桂阳和零陵四郡扩张自己的势力。同时，刘备等人推举刘琦为荆州刺史。曾归附曹操的武陵太守金旋、零陵太守刘度、长沙太守韩云和桂阳太守赵范四人率"部曲三万"投降于刘备。一时间，刘备势力大增。公元209年十二月，刘琦病死。孙权举荐刘备为荆州牧，周瑜将属于南郡的一小块土地让给刘备。刘备领兵驻扎在长江南岸的公安，暂以此地作为荆州治所。

占据江南四郡后，刘备任命诸葛亮为军师中郎将，负责督管长沙、桂阳和零陵三郡。诸葛亮注重稳定三郡的社会秩序，加强刘备势力在这一地区的统治，并且向当地百姓适当征收赋税，来为政府军队财政提供一个经济来源。史载："（诸葛亮）调其赋税，以充军实。"同时，诸葛亮还积极向刘备推荐人才。例如刘巴和庞统，此二人日后都为刘备立下了不小的功劳。在对待少数民族问题上，诸葛亮则采取"扶绥"的政策，加强民族团结。总之，经过一段时间的积蓄，刘备一方的实力得到了很大的发展。对此，孙权感到不安。为加强双方的盟好，孙权将其妹嫁与刘备。史载："权稍畏之（刘备），进妹固好。"

刘备虽然已经在荆州站稳脚跟，但是荆州的中心地区南郡还由孙权控制，南郡地理位置重要，这很不利于刘备势力的继续发展，也不利于向益州的跨进。于是，在公元210年，刘备以亲戚和同盟伙伴的身份面见孙权，要求"借"来南郡，将其划归自己来控制。疏刘派周瑜认为"刘备以枭雄之姿，而有关

羽、张飞雄虎之将，必非久屈为人用者"，因此反对"借"荆州给刘备，并且主张扣留刘备。亲刘派鲁肃从防御曹操来考虑，则主张把荆州"借"给刘备。孙权未扣留刘备，也未马上"借"荆州给刘备。此后不久，周瑜染病去世，鲁肃接替周瑜驻守陆口。在鲁肃的强烈坚持下，也为维护孙刘联盟关系，孙权正式将荆州"借"给刘备。东汉后期，荆州实际上包括七个郡：武陵、长沙、零陵、桂阳、江夏、南阳、南郡。赤壁之战后，曹操兵败撤出江陵，但是并没有完全撤离荆州。他还占有荆州北部的南阳郡和南郡的北部，被称为襄阳郡。孙权则占据的是南郡的南部和江夏郡。刘备拥有的是武陵、长沙、桂阳和零陵四郡。其实，所谓的"借"荆州实际上是刘备一方向孙权一方"借"南郡的南部地区。历史上习惯称其为"借"荆州。

"借"荆州是孙刘双方互惠互利的产物。我们说，刘备一方"借"来荆州是智慧的选择，因为如此，刘备一方才能利用有利的地理位置继续向益州发展势力。孙权一方不愿意长期的"借"，刘备和诸葛亮则不愿意轻易的"还"。围绕荆州，孙刘双方日后发生了很多的矛盾，并且一度导致联盟破裂。周瑜去世后，孙权按照周瑜的建议，也想向益州进取，并且要求刘备配合。"跨有荆益"是刘备一方的重要战略，刘备当然不能允许孙权一方损害自己的利益，于是拒绝孙权的要求。刘备、诸葛亮通过"借"荆州，实际上是占据了荆州，并阻止了孙权对益州的进取之路。

（二） 跨进益州

赤壁之战后，魏、蜀、吴三国鼎立的局面初见雏形。刘备以荆州为根据地，按诸葛亮和庞统的建议，准备夺取益州。

自公元 188 年以来，益州的统治者就是刘焉、刘璋父子。刘焉是在黄巾起义失败后被任命为益州牧的，公元 194 年，病死于任上。刘璋接替父亲的职位。这父子俩一直对豪强采取"宽惠""温和"的政策，以致益州地区法令松弛，社会秩序混乱不堪，民不聊生。据史料记载，刘焉进取益州时，曾把从南阳和长安一带流亡到益州的人，变成军队，号称"东州兵"。东州兵纪律很坏，任意掠夺百姓财物，刘焉父子都对此束手无策。因此，引起了益州百姓的不满。刘璋为益州牧后，他手下有两个官员——法正和张松，都很有才能，却一直没有机会施展，常常闷闷不乐。

曹操南下荆州时，刘璋想归附曹操，于是派张松向曹操表达敬意。张松听说曹操重才，也想趁此机会脱离刘璋，投靠曹操。但那时曹操刚刚打败刘备，非常骄傲，见张松长得个子矮小，其貌不扬，就很看不起他，张松被气走。在回益州途中，张松顺道去见刘备，刘备待他极为热情。张松回到益州后，竭力数落曹操的坏处，劝刘璋派人跟刘备联络。经张松推荐，刘璋派法正去荆州见刘备。刘备跟法正也谈得十分投机。刘备先后接待了张松和法正，向他们详细询问了益州的地理形势、库存钱粮、兵器多少、道路远近等情况。张松和法正不但和盘托出，还画了详细的地图送给刘备。这样，刘备对益州的状况了如指掌，只是等待合适的时机。

公元221年（建安十六年），曹操将要向汉中一带用兵，并扬言要南下夺取益州。刘璋听说后非常害怕，张松趁机劝刘璋让刘备入蜀，想借刘备力量守卫益州。于是，刘璋派法正带领四千人马前往荆州迎接刘备。法正到荆州后，便把益州的腐败情况向刘备和诸葛亮做了介绍，并且建议刘备用张松作为内应，迅速挥师夺取益州，然后凭借"天府之国"成就大业。这对刘备来说无疑是一个绝好的机会。于是刘备和诸葛亮商量，决定留诸葛亮和关羽等人镇守荆州，自己率万余人进入益州。昏庸的刘璋不知益州将为他人所有，反而夹道欢迎刘备的军队，并且为刘备的军队补充了少量的人员和兵器，让刘备帮助去进攻汉中张鲁。刘备行军至葭萌便停止前进，转而在当地和周边地区发展自己的实力，扩大自己的影响。三年以后，正式夺取益州的时机成熟了。诸葛亮让关羽继续守住荆州，然后带领张飞、赵云等沿江西上，会同刘备把成都团团围住。刘璋见局势无法挽救，被迫献城投降，益州也为刘备所有。

刘备进入成都后，自称益州牧，拜诸葛亮为军师将军兼益州太守，法正为蜀郡太守，不但随从进益州的文武官员都得到封赏，而且对刘璋手下的官员也委任要职，这

样就争取到了多数人的支持。

诸葛亮在隆中定下的占领益州的计划，终于如愿以偿了，但是要整顿，还要花更大的气力。为了改变益州政令松弛、秩序混乱的局面，诸葛亮从严执法，无论谁触犯法令，一律依法惩处。过了一段时间，益州的秩序渐渐好转。

（三）辅主称王

汉中是益州东北部的一个边郡，地理条件好，周围环山，北屏秦岭，中间是汉水盆地，汉水支流沔水流经其间，土地肥沃，物产丰富，在军事上占有很重要的地位，是咽喉重镇。有了汉中，即可通往秦、陇、蜀、楚，又可成为"独守之国"。诸葛亮在《隆中对》中分析"刘璋暗弱，张鲁在北"的形势，看到了张鲁对西蜀的威胁。如果刘备占据汉中，既有利于守护益州，又有利于进取关中、陇右。

对于汉中这一战略要地，曹操自然也想据为己有。公元215年（建安二十年），曹操进攻汉中，张鲁投降，益州受到威胁。曹操部下官员劝曹操攻打益州，曹操因为东边有孙权，荆州有关羽，内部还不稳定，没有接受这个意见。他把大将夏侯渊、张郃留在汉中驻守，自己带兵回去。

汉中由张鲁转到曹操手中，给刘备、诸葛亮夺取汉中带来了更大的难度，但是，他们必须要夺取，否则"跨有荆益"的战略就不完整了。法正看出曹操的弱点，劝刘备进兵汉中。他认为，夏侯渊、张郃的才能远远不如蜀中的将领，刘备一定能够攻克汉中。攻克汉中以后，劝农积谷，等待时机，上可以打败曹操；中可以蚕食雍、凉地区，扩展疆土；下可以据守要害，作持久的打算。法正的这个策略，得到了刘备和诸葛亮的赞同。

公元218年（建安二十三年）冬天，刘备亲自率领大军夺取汉中，这一次，法正跟随刘备同去，当了谋士。诸葛亮留守成都，主持益州政事，安定后方，同时，替刘备输送军粮，补充兵源，也是肩负重任。刘备的军队到阳平关，遭到曹军大将夏侯渊等的据守，双方相持不下。刘备发信给诸葛亮，要他迅速发兵增援。诸葛亮征求杨洪的意见后，迅速发兵。公元219年（建安二十四年）

春，刘备率军从阳平关南渡沔水，安营于定军山，以逸待劳，据险不战。夏侯渊"恃勇"出兵争夺定军山，被蜀将黄忠一马当先，斩了夏侯渊，曹军大败。后来曹操又亲自领兵和刘备对峙了几个月，因军中粮食短缺，曹军士兵纷纷逃亡。曹操看到相持下去没有好处，可放弃汉中又舍不得。有一次，他规定口令为"鸡肋"，部下们不知其意，而主簿杨修却整理行装，人问其故，杨修说："鸡肋，弃之可惜，食之无味，以此比喻汉中，所以知道魏王要还军了。"为了保存实力，五月间，曹操果然决定放弃汉中，魏军撤退至长安。刘备乘胜占领了汉中。

刘备占领汉中后，扩展了占领区域，声势扩大，而诸葛亮《隆中对》中"跨有荆益"，建立根据地的目标也实现了。不久，即在公元 219 年八月，诸葛亮、法正、关羽、张飞等一百二十多名文武官员拥立刘备为汉中王。接着，汉中王刘备立刘禅为太子，按照诸侯王官署规格设置官员。刘备占领汉中，为后来蜀汉攻魏，建立了一个前沿阵地，对巩固刘备在蜀地的统治是非常重要的。从此，刘备雄踞西南，成了与曹操、孙权势均力敌的一支力量，三国鼎立的局面出现了。随着刘备势力的壮大，刘备集团同孙权集团的矛盾也开始慢慢激化，孙刘联盟出现了危机，双方展开了争夺荆州的斗争。

五、忠心辅后主

（一）临危受托

纵观诸葛亮一生在蜀汉仕宦的经历，用其《出师表》中"受任于败军之际，奉命于危难之间"来形容是恰当的。诸葛亮出山辅佐刘备之时，正是刘备势力弱小，无从发展之时。而后，诸葛亮辅佐后主刘禅之时也是临危受托。此时之"危"我们可以从两个方面来概括。

其一是危失荆州。荆州是当时的政治、经济和军事重地。刘备和孙权双方的战略方针中都有"占据荆州"的预期目标。刘备一方战略是诸葛亮《隆中对》中提出的"据有荆益，然后两路出兵北攻曹操。兴复汉室"。孙权一方的战略是周瑜提出的"从荆州出发先攻蜀，后占汉中，然后出襄阳进攻曹操，以图北方"。荆州成了孙刘双方利益冲突的焦点，这为孙刘联盟的破坏埋下了火种。东吴多次派人向刘备一方索要荆州，双方曾多次有爆发战争的可能。但终因对防御曹军的共同目标以及"亲刘"派鲁肃的从中调解而以双方妥协告终。公元217年十月，鲁肃去世，孙权派名将吕蒙镇守陆口，与关羽对峙。东吴一方的态度由亲刘转为疏刘，并且随着内部政治经济实力的增强，以及同曹操一方关系的缓和，东吴产生了武力夺取荆州的念头。公元219年七月，关羽乘曹操在荆州北部统治不稳定之时，让南郡太守糜芳守江陵，将军士仁守公安，自己亲率大军数万出兵攻打襄阳、樊城，争取为刘备集团日后北伐创造条件。襄樊战役打响后，关羽抓住有利战机水淹曹军，曹操的荆州刺史胡修、南乡太守傅芳等都投降关羽，许都以南"往往遥应羽，羽威震华夏"。关羽的得势和曹操的鼓动使孙权决定动手从关羽后方下手，利用关羽"颇自负"的弱点，武力夺取荆州，糜芳和士仁因不满关羽的傲慢，所以投降了。夷陵、南郡和江陵等荆州地区都归孙权一方，东吴大获全胜，"前后斩获招纳凡数万计"。关羽前后不能相顾，大败后被逼退守麦城，求救未果，同年十二月，关羽及其儿子关平一起被孙权军队杀死，时年约

60岁。

丧失荆州、失去兄弟对刘备来说是一个沉重的打击，刘备为夺回荆州积极进行多方准备。这期间，公元220年正月，曹操病逝。同年十一月，曹丕废汉献帝自称魏文帝，建立曹魏帝国。在蜀中大臣的多方劝说下，刘备于公元221年四月，在成都称帝，国号为汉，改元章武，史称刘备为汉昭烈皇帝，立刘禅为皇太子，任命诸葛亮为丞相录尚书事。

其二危是猇亭之败。

刘备即帝位不久，于同年七月，命诸葛亮辅佐太子留守成都，自己亲率军队东征孙权，取夺荆州，并为关羽报仇。陆机就曾对此说过，刘备东征"志报关羽之败，图收湘西之地"。

诸葛亮对于刘备的此次东征没有坚决反对，他也觉得东征孙权是存在胜利的可能的，失去荆州，他是不甘心的。

不久，张飞被部下所杀。《资治通鉴》曾分析关羽和张飞的性格，记载到："羽善待卒伍而骄于士大夫，飞爱礼君子，而不恤军人。"这的确道出了二人的性格弱点。张飞也因此遭手下军人杀害。张飞的死让刘备痛心不已，仇恨又添。

大军压境，孙权慌忙派人求和，遭刘备拒绝。公元221年十一月间，孙权接受曹丕对其的封赏，称为吴王，立孙登为王太子，这意味着孙权的政治立场的彻底转变。实质上，孙权是为了在同刘备交兵之际避免曹军在东线上攻吴，而两面受敌的危险。公元222年2月，刘备率蜀军进至猇亭，建立大本营，包围在夷道驻扎的孙权的侄子孙桓。东吴将领陆逊面对蜀军的进攻采取"先让一步，后发制人"的方针，调遣吴军把几万里崇山峻岭让给蜀军，己方则在猇亭地区坚守营寨，集中兵力同蜀军对峙长达五六个月之久。刘备令水军移动至陆地上，天气愈来愈热，蜀军运输困难，士气逐渐低落。陆逊看准时机，采用火攻，大破蜀军，杀死蜀将冯习、张南和少数民族首领沙摩柯。蜀将杜路和刘宇被迫投降。刘备人马大部分损失，元气大伤，仓皇逃往白帝城。《三国志》记载："蜀军分据险地，前后五十余营，（陆）逊随轻重以兵应拒，自正月至闰月，大破之，临阵所斩及投兵降首数万人。刘备奔走，仅以身免。"

刘备退守白帝城后，改鱼腹县为永安，修建永安宫。整日深居宫中忧心忡忡，过度劳累，终于病倒，并且日益严重。公元223年四月，自知不久于人世的刘备派人去成都请来诸葛亮，开始安排后事，"托孤于相亮，尚书李严为副"，并且嘱咐诸葛亮：如果刘禅无能"君可自取"。不久，刘备死于白帝城永安宫，终年63岁。诸葛亮奉刘备之棺还于成都，协助刘禅发丧后，奉太子刘禅登皇帝位，史称"后主"，改年号建兴。刘禅封丞相诸葛亮为武乡侯，"开府治事"，即丞相拥有自己的行政机关——相府，并且在相府中有一套官僚系统执行政事。稍后，诸葛亮又领益州牧。从此，刘禅按父亲遗命对诸葛亮尊之如父，"政事无巨细，咸决于亮"。诸葛亮也未辜负先主的重托和刘禅的信任，为蜀汉一如既往地鞠躬尽瘁。

以下将详细介绍一些诸葛亮的治国策略（包括刘备时期），多为刘禅时期。

（二）治国丞相

诸葛亮的治国思想是对先秦儒家思想的继承和发展。他治理西蜀的指导思想是德法结合，主张"礼""法"并用，"德""威"并举，《诸葛亮文集》就记载，诸葛亮主张："劝善、黜恶""以教令为先，诛罪为后""非法不言，非道不行"。此处之"道"主要指儒家提倡的"三纲"（君为臣纲，父为子纲，夫为妻纲）"五常"（仁、义、礼、智、信）。

第一，法治

诸葛亮实行法治遵循的是"治实不治名"的原则，从实际出发，讲求实际效果。例如他对益州的治理。益州原来的政治局势混乱，阶级矛盾复杂，地方豪强和官僚肆意剥削百姓。刘焉父子统治益州后仍旧是"德政不举，威刑不肃"，导致"士大夫多挟其财势，凌辱小民"，蜀中地区百姓"思为乱者，十户而八"。刘备入主益州后，诸葛亮为了治"乱"，采取了"先理强，后理弱"的政策。先理强就是首先打击豪强和官僚，后理弱即帮扶农民发展生产。

诸葛亮历行法治，遭到了豪强和官僚的不满，他们攻击诸葛亮"刑法峻急"，要求其"缓刑弛禁"，但诸葛亮不为所动。为了更有力地实行法治，诸葛亮还根据实际制定并颁布了很多法令法规。陈寿所编《诸葛亮集》就设立了《法检》《科令》《军令》等目录，由此我们可以看出诸葛亮对法治的重视。同时诸葛亮在执法过程中非常严明，不畏权贵，不徇私情。非常典型的事例就是对刘封、李严和马谡的惩处。

刘封，刘备养子。刘备去世前，刘封奉命守上庸等地。关羽进攻襄樊和被困荆州之多次令其发兵配合与救援，但刘封均托词拒绝。关羽最终惨败被杀以及丢失荆州，刘封有不可推卸之责任。此外，刘封还在其他方面多次触犯军法，贻误军机。对刘封的处置，诸葛亮并未因他是皇亲国戚而姑息，他建议刘备将刘封处死。

李严，蜀汉高级官员，刘备临终时与诸葛亮同受遗诏辅佐刘禅，是顾命大臣，地位仅次于诸葛亮。诸葛亮第四次北伐时，李严负责在汉中监督粮草工作。遇大雨天，交通不便，军粮短缺，李严不但不设法赶运军粮，还派人假传圣旨，要诸葛亮前线退兵。诸葛亮退兵后，他却故意责问退兵缘故，"欲以解己之不办之责，显亮不进之愆"。同时他又杀掉督运粮草将领来灭口。李严这种贻误军机，嫁祸于人的做法影响了蜀汉的军政大事，犯下了重罪。诸葛亮不畏李严权势和顾命大臣的地位，搜集详细罪证，最终令李严"辞穷情竭，首谢罪负"。最后李严被削职为民，流放梓潼郡。

马谡，是诸葛亮在隆中隐居时就结交的好朋友。诸葛亮很器重马谡，北伐时，提拔他为参军。第一次出祁山时，马谡为前将，他骄傲轻敌，违犯军令，不听忠言劝谏，结果导致蜀军被曹军大败，令蜀军失去有利形势，损失严重。诸葛亮不顾马谡是己之亲信，按军法将马谡处死。

从以上三例中，我们可以深切体会诸葛亮厉行法治的决心和力度之大，上文我们曾说过，诸葛亮治国是"法治"与"德治"并举的。在执法量刑时，他主张"服罪输情"者从轻，"游辞巧饰"者从重，把"威之以法"与"服罪输情"结合起来，给人以希望和出路。诸葛亮总是注重选择正直公正的官吏负责治狱工作，反对凭个人好恶"专持生杀之威"。

第二，力主人和

在陈寿整理的《诸葛氏集目录》中，有《贵

和》一章，由此可见诸葛亮对"人和"的重视。"和"即和谐、和睦、团结、合作。诸葛亮认为："今篡贼未灭，社稷多故，国事惟和，可以克捷"，又说："用兵之道，在于人和，人和则不劝而自战矣。若将吏相猜，士卒不服，忠谋不用，群下谤议，谗慝互生，虽有（商）汤、（周）武之智，而不能取胜于匹夫，况众人乎。"总之诸葛亮认为有了"和"才能治理好蜀汉，才能实现北伐统一大业。

为此，诸葛亮非常注重调解官员之间的关系，处理好内部矛盾，减少内耗，增加内部凝聚力。诸葛亮苦心调解魏延和杨仪之间的关系就是一个力证。杨仪和魏延一文一武，身居要职，为国立功不小。杨仪，刘备时，提拔其为尚书。刘禅时，为参军。后随诸葛亮北伐，被提拔为长史加绥军将军。其虽有政治才干，但心胸狭窄。魏延，刘备时提拔为汉中太守，"善待士卒，勇猛过人"，很有军事才能。他首创围守御敌（即在汉中一线依地势建起围寨，积粮屯兵，在后来抵御魏军进攻中发挥了很大的作用。后又因战功，被提拔为前军师，征西大将军，封南郑侯，但是他傲慢无礼，人们多不敢冒犯。杨仪对其却毫不忍让，因此二人失和，争吵不断，甚至拔刀相向。诸葛亮爱惜二人之才，从不偏袒其中一方，对二人均委以要职，发挥二人的长处。诸葛亮还提议写了《甘戚论》，倡导"贵和"，来教育他们，希望他们团结一致。诸葛亮的这种做法取得了一定的成效。

在治理西蜀的过程中，诸葛亮始终秉承"贵和"思想。应该说，西蜀政局能够长期比较稳定与诸葛亮善于处理内部矛盾、主张"贵和"思想是分不开的。后事有人这样评价诸葛亮："竟能上不生疑心，下不兴流言，苟非诚信结于人，格于神，移于物，则莫能至是。"

第三，发展生产

西蜀在刘备集团统治之前，因政治腐败，"赋敛烦扰"，百姓生活穷困不堪，生产遭到严重破坏，百废待兴。诸葛亮自公元214年随刘备进入成都，至公元227年开始北伐曹魏，用了十三年时间集中精力治理西蜀，恢复被破坏的经济。

在农业方面，曾躬耕于隆中的诸葛亮深知农业是百姓安居乐业和国家发展之基础。他确定了"唯劝农业，无夺其时，唯薄赋敛，无尽民财"的方针政策。他要求各级官员都要重视农业，不能妨碍农民的耕作和收割，同时要减轻税收，抑制豪强地主兼并土地。为了促进农业发展，诸葛亮非常重视水利。都江堰，建于战国时期，位于成都平原，是当时规模最大的水利灌溉网，"蜀人旱则藉以为溉，雨则不遏其流""水旱从人，不知饥饿，沃野千里，世号陆海，谓之天府"。诸葛亮极为重视此堰，他专门设置"堰官"管理，还派一千多名壮丁驻守堰区，负责保护和维修工作，以提高都江堰的灌溉能力。除此之外，诸葛亮还在成都市西北修建了一条九里长堤的水利工程。《成都府志》记载："九里堤在府城西北隅，其地洼下，以防冲啮。"由此可见九里堤是为了防止洪水毁坏农作物而修建的。

在手工业方面，诸葛亮大力发展盐铁业和蜀锦业。刘备占据益州后，诸葛亮重新恢复盐铁官营的政策，设置"司盐校尉""司金中郎将"等官职，负责管理盐铁生产和兵器、农器的制造。这在很大程度上增加了国家财政收入。西蜀的煮盐业在汉代已经很发达，蜀地人熟练掌握了煮盐技术，甚至有些地方已能用煮盐效率很高的火井（天然气）煮盐。据张华《博物志》记载，临邛有"火井一所，纵广五尺，深二三丈。井在县南百里。昔时人以竹木投以取火。诸葛丞相往视之，后火转盛热，以盆盖井上，煮盐，得盐"。同时，在诸葛亮的倡导和推广下，西蜀的冶炼技术也取得了很大的进步，这在增加财政收入的同时，也增强了军队的作战能力。蜀锦是益州的特产，东汉时已经闻名全国。诸葛亮大力发挥这一地方优势，发展织锦业，鼓励百姓种桑养蚕织锦。相传诸葛亮带头在家中栽种桑树，他自言在成都"有桑八百株，薄田十五顷"。在他的努力下，蜀地织锦业开始兴旺，他还设立了"锦官"，专门组织管理蜀锦的生产和销售。蜀锦质量好，产量多，远销当时的吴魏。史载："魏则市于蜀，而吴亦资西道。"蜀锦成为蜀汉政府重要的财政收入来源。

随着农业手工业的发展，西蜀的商业也有了一定的发展。

诸葛亮是"开源"与"节流"并举的。西蜀地区原本奢侈成风，甚至婚姻丧葬都要"倾家竭产"来办。针对这种风气，诸葛亮主张节俭，"丰年不奢"，注意储

采椟者阶扭摸始睆於神
评芳采瑞濑之芳芝余情悦
渺美芳心振荡而不怡垂良媒
以接欢芳托微波而通辞羌习
素之先达芳解玉佩而要之嗟
佳人之信修芳习礼而明诗抗琼
瑞以和予芳指潜川而为期执

备，以防灾荒。为了能够有效地提倡节俭，诸葛亮首先通过要求官吏"清心寡欲，约己爱民"来起带头号召作用。这项措施取得了相当明显的成效，蜀汉官员中勤俭成风。邓芝"不治私产，妻子不免于饥寒，死之日，家无余财"。费祎"雅性谦素，家不积财"。

由于诸葛亮重视发展经济，注意开源节流，提倡节俭，经过数年的尽心治理，西蜀地区出现了"田畴开辟，仓库充实，器械坚利，蓄积丰饶"的景象。同时由于诸葛亮率先提倡官员勤政爱民，使西蜀阶级矛盾也相对比较缓和，这些都使蜀汉的政治统治逐渐稳定，为诸葛亮北伐打下了坚实的物质基础。

第四，唯才是举

诸葛亮治蜀非常重视选拔重用人才。他说过"治国之道，务在举贤"的话。

诸葛亮用人不注重门第资历，只要有真才实学，一律任用。如蒋琬（字公琰），原是荆州一个写文书的小吏，后随刘备入蜀，因不理政事，饮酒沉醉，一直未得到刘备的重用。诸葛亮辅佐刘禅之后，一直提拔他，先为东曹掾，后为参军、长史，加抚军将军。北伐时，负责留守成都，"常足食足兵以相供给"，得到了诸葛亮的嘉许。诸葛亮临终时毫不犹豫地推荐蒋琬为自己的接班人，而蒋琬也果然没有辜负诸葛亮的托付，他积极贯彻诸葛亮的施政方针，能够稳妥地处理国家大事，使得蜀汉政权有了一个相当长的稳定时期。如向宠，原来不过是个偏将，猇亭失败时，别的营队都损失惨重，唯有向宠一营临危不乱。诸葛亮称赞他"性行淑均，晓畅军事"，北伐出师时把他推荐给后主刘禅，要刘禅把后方军务完全交付给向宠。再如李严在犍为太守时，手下有个功曹小吏名为杨洪，刘备向汉中用兵时，曾经写信给成都的诸葛亮要求增援军队，诸葛亮征求杨洪的看法，杨洪胸有成竹地答道："汉中是益州的咽喉，存亡的关键，如果失去汉中，就没有蜀地了。"他建议诸葛亮"方今之事，男子当战，女子当运，发兵何疑？"诸葛亮认为杨洪很有政治头脑，便把他破格提拔为蜀郡太守。不久，又将他提升为益州治从事。杨洪手下还有个姓何的书佐，也因"有才策功干"被任命为广汉太守。李严、杨洪等原来的地位相差很大，后来却同为太守，益州人民知道这件事情之后，都称赞诸葛亮用人不拘一格，能够充分发挥各人的才能。

　　诸葛亮又非常注重听取下级的意见，注重调动发挥他们的智慧才能。为此，他专门建立"参署"制度，让参加处理事务的下级官吏充分发表意见，实行"纳言之政"。他的部下董和"参署"七年，只要发现诸葛亮办事有不妥之处就率直指出，有时竟为一件事而先后十次向诸葛亮面陈自己的看法，诸葛亮对这种秉公直谏的作风非常钦佩。他教育部下说："我建立参署制度就是为了要集思广益，如果能够从不同的议论中得到中肯的意见，就好比丢掉了破鞋子而捡到珠玉一般。可是有的人就是不能把意见说出来，只有徐庶和董和能够知无不言，言无不尽。如果大家能够像董和那样有忠于国，那我就会很少犯过失了。"

　　诸葛亮还非常注重教育，培养人才。他开办教育，以张爽、尹默为劝学从事，掌管教育；以许慈、胡潜为"学士"，教授学生。诸葛亮为丞相后，以大经学家谯周为劝学从事，掌管蜀汉教育，并且建立太学，置"博士"教授学业，许慈成为当时著名的"博士"。

　　为了切实做到"任人唯贤"，诸葛亮要求官吏们为政要讲求实效，"治实不治名"，反对名不副实，表里不一。他重视对官吏的考核，"循名责实"，注重了解他们是否忠于职守、是否有真才实学、是否实行德政、是否严格执法，以便"进用贤良，退去贪懦"。

六、南抚夷越

(一) 叛乱纷纷

　　蜀汉的南部地区自古被称为"夷越之地"，汉时又被称为"西南夷"。"夷"是对少数民族的贬称。这里居住着叟、僚、濮、昆等少数民族。他们主要分布在蜀汉的益州（今云南晋宁）、永昌（今云南保山东北）、越巂（今四川西昌）、牂柯（今贵州黄平）四郡。此四郡通称南中地区。南中地区物产丰饶，据《华阳国志·南中志》记载："益州西部，金银宝货之地，居其官者，皆富及十世。"但各少数民族的经济文化水平极其落后，而且发展很不平衡。东汉统治者把少数民族当作"化外之民"，随意掠杀剥削，繁重的赋税徭役常常会激起西南各民族人的反抗。例如，公元118 年（安帝元初五年）改越巂郡夷人发动的反对"赋敛烦扰"的起义，公元176 年（汉灵帝熹平五年），西南各族又起兵反抗，并且占据益州郡。

　　诸葛亮非常了解东汉时期的民族矛盾，他认为民族和睦是巩固内部团结稳定的重要前提。依据实际形势，诸葛亮提出了早在《隆中对》中就提出的民族和睦的政策，那就是"西和诸戎，南抚夷越"。刘备入住益州后，诸葛亮先后选派邓芳、俞元负责西南各族的镇抚工作，此二人的工作很有成效，但是有些少数民族将领和想称霸一方的汉族官僚、豪强一直蠢蠢欲动，伺机反叛蜀汉朝廷。

　　公元222 年（章武二年）冬，汉嘉太守黄元趁刘备重病之际，举旗反叛。公元223 年春，蜀汉将军陈曶斩黄元为朝廷除害。刘备死后，益州郡豪强地主雍闿又趁后主刘禅刚登帝位的机会发动叛乱。雍闿是"益州郡大姓"，在当地影响很大，他先率兵杀死了益州太守正昂之后，又陷害朝廷新派太守张裔并将张

中国古代著名文臣

裔抓起，送往东吴，以求得孙权的支持。当时孙刘双方关系处于破裂时期，孙权便遥任雍闿为永昌太守。此乱未平，牂柯太守朱褒又紧接着发起叛乱，响应雍闿，"以郡叛，应雍闿"。越巂"夷王"高定元也举兵叛蜀，杀郡将焦璜。一时间，叛乱纷纷，几乎席卷南中地区。

面对纷繁叛乱，诸葛亮非常沉着从容，指挥自若。他从蜀汉实际情况考虑，并未立即出发镇压叛乱，而是继续"务农殖谷，闭关息民"，着力巩固内部，积蓄力量。同时派邓芝出使东吴与孙权恢复联盟关系，以减少外部麻烦。对南中地区叛乱，诸葛亮暂时采取"抚而不讨"的方针争取和平解决。雍闿面对劝和的意见表示坚决拒绝，他说："天无二日，士无二主，现在天下分裂，三国鼎立，正朔有三，使我们不知所归。"实质上，雍闿舍近求远归附于孙权是为了自己能称霸一方。为了扩大叛乱规模，他传播谣言，煽动少数民族将领同他共同反叛，孟获就是被煽动成功并积极帮助雍闿者之一。

经过一段时间的内部积蓄和整顿，蜀汉政治经济都已趋于稳定。诸葛亮改变了"抚而不讨"的方针，亲自率领大军南征，志在平定南中叛乱。蜀军分三路前进。诸葛亮率西路大军进攻越巂郡，平定高定叛军之后，继续进攻益州郡雍闿。李恢率领中路大军直接进攻叛乱中心益州郡，与诸葛亮会合。马忠带领东路军向东南方向攻打牂柯郡，平定朱褒叛乱。这次战斗激烈异常，几路大军都取得初步胜利，雍闿被杀，但是蜀军也为此付出了沉重的代价。少数民族将领孟获在雍闿被杀后南逃至益州郡，继续纠结叛乱力量，抗拒朝廷大军。

（二）七擒孟获

公元 225 年五月，几路大军取得初步胜利后，诸葛亮指挥大部队穿山越岭，克服重重困难，终于进入叛乱最后据点——益州郡。此时，孟获代替雍闿率领叛军在益州郡内同蜀汉军队顽抗。孟获这位少数民族将领在南中地区有很强的威信和影响力。为了更有效地缓和少数民族和蜀汉政权的关系，诸葛亮采用马谡的建议，对深得"夷汉所服"的孟获采取"攻心"战术。他下令部队只能生擒孟获。第一次交战时，孟获就中计被擒。诸葛亮对

孟获不杀不辱，见他未真正心服就将他放回，第二次同其交兵较量，结果孟获又被生擒，如此一擒一纵总共七次，孟获终于心服口服，表示永远效忠朝廷。《三国志》中记载了孟获对诸葛亮所说的话语："公，天威也，南人不复反矣！"

降服孟获之后，诸葛亮继续领兵南下，收服其他少数民族叛乱将领。南征过程中，诸葛亮的军队纪律严明，深得百姓好评。同时，诸葛亮把"攻心"策略运用得当，大多数少数民族头目真心归降。很快，南中地区的叛乱就被彻底平定。公元225年七月，三路大军胜利会师于滇池（今云南晋东）。这次成功的南征平乱，有力地稳定了蜀汉内部统治，加强了民族团结。

诸葛亮从长远大局出发，在平定南中叛乱后，对这一地区少数民族坚决执行"和抚"政策，主要包括以下一些措施：第一，有力地推行郡县制，选良吏为郡守。诸葛亮将郡县组织进一步扩大和健全，把叛乱势力影响较大的益州郡的范围划小，改为建宁郡；分建宁、牂柯郡的一部分地区设置为兴古郡；又分建宁、永昌、越巂郡部分地区设置云南郡。由此以来，曾经发生叛乱的四郡就被划改为建宁、越巂、永昌、云南、兴古和牂柯六郡。随着郡数的增加，县数也相应地增多，据统计，较原来增加了十二县。郡县制的推行，加强了蜀汉朝廷中央集权的统治。同时，郡县数量的增加也就意味着相应所管辖区域地面积缩小，这就能够有力地防止因地方势力过大而导致的称霸一方的割据。在为郡县设置官员方面，诸葛亮任命的官员都是在当地群众中有很大影响力的、并且很熟悉当地少数民族状况的官员。如新任命的建宁太守李恢，不仅长期在南中地区为官，而且本身就是当地的土著。这些官员都能很好地贯彻诸葛亮的"和抚"政策，深得当地民众敬爱。第二，大胆起用少数民族将领参加蜀汉政权。为了争取少数民族首领的支持与合作，加强对南中地区地有效统治，诸葛亮很注意重用那些在当地有影响力的、并拥护蜀汉政权的少数民族上层人士，让他们能够参加蜀汉的中央政权，如被七擒七纵的孟获后来官至御史中丞。诸葛亮通过这些少数民族上层人士的影响加强了对南中地区的统治。在少数民族聚居地区，诸葛亮"即其渠帅而用之"，即任用少数民族上层人士担任地方官，让他们自己来统治各地少数民族，基本保留原来的部落组织，尊重少数民族原来的风俗习惯，承认各少数民族原来的首领、酋长的权力，并且赐予新的封号。例如，龙佑那被正式封为酋长，并且赐汉姓"张地"。首领、酋长们受到朝廷的器重之后，就很容易听从朝廷的命令。第三，积极发展经济，改善当地居民生活状况。上文我们曾经提过，南中地区物产丰饶，土地广阔，但是生产力水平低下，经济文化发展落后。为了改变这种状况，诸葛亮在这里推广汉族地区的农业技术，并注意在这一带兴修水利，扩大耕种面积。至今，在云南保山县还有三个能够使用的"诸葛堰"，相传是诸葛亮当年命人修筑的。一直以原始狩猎为生的"夷人""渐去山地，徙居平地，建城邑，务农桑"，生活有了很大改善。因此，南中地区的百姓多对诸葛亮充满敬爱之情。诸葛亮对南中地区的手工业和商业也很重视，同样在这里采取盐铁业收为官有，设置盐铁官吏，负责经营管理的做法，使此地的盐铁业取得了很大的发展。第四，推行"部曲"制度。"部曲"在东汉后期是豪强地主家兵的统称。"部曲"平时为主人生产，战时为主人打仗。诸葛亮南征后，把当地少数民族中的强壮男子收编为一支军队，连同其家属共一万多户，一起迁到蜀中，这支军队后来骁勇善战，号称"飞军"。同时，诸葛亮把少数民族中的羸弱男子分配到汉族和少数民族大族家中作为"部曲"，战时作战，闲时生产。对"部曲"多的大姓给予优待，"亦世袭官"。如此一来，很多"夷人"成为"部曲"。他们和汉人一起当兵生产，有效地促进了南中地区各族的封建化进程。

总之，诸葛亮"和抚"的民族政策维护了蜀汉的统一，促进了西南各族的友好往来和社会经济文化的进步。也正是因为此，诸葛亮得到了当地人民的敬畏。至今当地还流传很多有关诸葛亮的故事。如有些民族的佛寺大殿是仿照诸葛亮的帽子建造的，许多人还将铜鼓称为"诸葛鼓"。

七、兴兵北伐

（一）名垂千古《出师表》

诸葛亮在《隆中对》中为刘备集团确定的最终战略目标是：北伐曹魏，统一全国，兴复汉室。多年来，他始终未放弃这一目标。诸葛亮知道，北伐曹魏将比以往历次战争都关键和艰难，曹魏是个强敌，它占据中原，人力、物力雄厚，不能轻易取胜。所以，他要做好充分准备工作。成功地平定南中，为北伐解除了内部的后顾之忧。之后，诸葛亮除了处理日常朝政之外，把主要精力都用在"治戎讲武"上，做好北伐的准备。诸葛亮北伐曹魏还要解除对孙权一方的顾虑，公元225年十一月，诸葛亮派费祎使吴，向孙权表示友好之意。孙权也派使者到成都，表示愿意两家继续交好。这样，北伐的东顾之忧也消除了。诸葛亮还积极利用曹魏内部矛盾，写信策反驻守在新城的太守投魏蜀将孟达，作为内应。为了使曹魏在交战中陷入被动，诸葛亮把工作做到了曹魏的后院。曹魏的北方及东北方，居住着鲜卑、乌丸等少数民族，曹魏一直对他们实行强制性的武力统治，激起了这些民族的强烈不满。于是，诸葛亮派人绕到曹魏的后方，与鲜卑统帅比能取得联系。据史书记载："会亮（诸葛亮）时在祁山。果遣使连结比能。比能至故北地吕城"，与诸葛亮相呼应。

公元226年，魏文帝曹丕病死，其子曹睿即帝位，史称魏明帝。曹睿时年22岁，曹丕遗命曹真、陈群、司马懿和曹休四人辅政。魏国政局变动，诸葛亮认为这正是北上伐魏的大好时机。于是在公元227年，他亲率大军北上伐魏。

诸葛亮不放心年轻的后主刘禅，时年20岁的刘禅庸碌无能，凡事依赖诸葛亮。刘禅曾说过一句话："政由葛氏，祭则寡人。"意思是说处理朝政是诸葛亮的事情，祭祀大典才由自己主持。因此，军队开拔前，诸葛亮向后主刘禅上了一份奏折，这就是著名的《出师表》。《出师表》主要包含以下几个方面的内容：

第一，北伐的形势、目的以及自己对蜀汉感激和忠心。

先帝创业未半而中道崩殂；今天下三分，益州疲弊，此诚危急存亡之秋也。

臣本布衣，躬耕于南阳，苟全性命于乱世，不求闻达于诸侯。先帝不以臣卑鄙，猥自枉屈，三顾臣于草庐之中，咨臣以当世之事，由是感激，遂许先帝以驱驰。后值倾覆，受任于败军之际，奉命于危难之间，尔来二十有一年矣。先帝知臣谨慎，故临崩寄臣以大事也。受命以来，夙夜忧叹，恐托付不效，以伤先帝之明，故五月渡泸，深入不毛。今南方已定，兵甲已足，当奖率三军，北定中原，庶竭驽钝，攘除奸凶，兴复汉室，还于旧都。此臣所以报先帝，而忠陛下之职分也。

这情真意切的话语中有报效先帝知遇之恩的忠心，又有攘除奸凶兴复汉室的壮心和谋取胜利的信心。

第二，关于用人和纳谏。

侍中、侍郎郭攸之、费祎、董允等，此皆良实，志虑忠纯，是以先帝简拔以遗陛下：愚以为宫中之事，事无大小，悉以咨之，然后施行，必能裨补阙漏，有所广益。将军向宠，性行淑均，晓畅军事，试用于昔日，先帝称之曰能，是以众议举宠为督。愚以为营中之事，悉以咨之，必能使行阵和睦，优劣得所。亲贤臣，远小人，此先汉所以兴隆也；亲小人，远贤臣，此后汉所以倾颓也。

至于斟酌损益，进尽忠言，则攸之、祎、允之任也……陛下亦宜自谋，以咨诹善道，察纳雅言，深追先帝遗诏……

诸葛亮自己注重任人唯贤，所以在他要离开后主身边的时候，着重劝说刘禅也要任人唯贤。他向后主推荐的大臣都是德才兼备的人才。

第三，关于执法。

宫中府中俱为一体，陟罚臧否，不宜异同。若有作奸犯科及为忠善者，宜付有司论其刑赏，以昭陛下平明之理，不宜偏私，使内外异法也。

诸葛亮治理西蜀，厉行法治，执法严明。他知道刘禅缺乏政治头脑，不辨是非，所以劝谏后主不要偏袒亲信和皇室，同时要赏罚分明。

可以说，诸葛亮是怀着满腔的感情写下《出师表》的。对于后主刘禅，诸葛亮具有双重身份。他受刘备

遗诏辅佐刘禅，是名副其实的辅政大臣。刘备又让刘禅"父事"诸葛亮，诸葛亮就又具备了长辈身份。在《出师表》中，对蜀汉国事细微具体的安排，包含了臣子对国家的忠心，同时也是一位长辈对晚辈的一片苦心，字字句句都反映了诸葛亮苦心孤诣、殚尽心血的精忠报国之心。闻者无不感慨，顿生敬佩之情，正印证了陆游的《书愤》中的两句诗："出师一表真名世，千载谁堪伯仲间。"

（二）街亭失守 首战失败

公元 227 年（建兴五年）春，诸葛亮率军北上，在汉水北面的阳平和石马扎下大营，屯兵于汉中。汉中，位于益州北部，西通陇右，南控巴蜀，北屏秦岭，东抵荆襄，进可借山径达秦陇争关中，退可凭山险安于"独守之国"。所以有"巴蜀之根本，实在汉中""巴蜀之重在汉中"之说。公元 228 年（建兴六年）春，诸葛亮正式从汉中出师进行第一次北伐，他决定出阳平关先取道陇右到祁山，再下关中。

此次出兵祁山，诸葛亮采取了声东击西的计策。他决定兵分两路，蜀汉老将镇东将军赵云和扬武将军邓芝率领一路人马，直接由汉中北上进入秦岭箕谷，扬言从斜谷攻打郿城，以迷惑魏军视线。这时，诸葛亮却暗中亲率蜀军主力偷袭魏军据守的祁山。曹魏方面果然上当，魏明帝慌忙派曹真都督关右，驻扎在郿县，对付赵云。而对祁山方面却没有充分防备，诸葛亮的军队"戎阵整齐，赏罚肃而号令明"，而且经过几年的养精蓄锐，军队兵强马壮，势不可挡，一举攻下祁山。随即，祁山以北的天水、南安、安定三郡的魏将相继投降。之后，姜维在冀城也投降诸葛亮。如果蜀军再占领西部的陇西郡，整个陇西地区就基本控制在蜀汉手中，那么诸葛亮占领关中地区的目标就能够实现。

蜀军的所向披靡震动了曹魏朝廷，魏国上下一片惊慌。魏明帝亲自坐镇长安，派右将军张郃率兵五万前往陇右迎击蜀军。张郃军队沿关陇通道西进，过开县进入开陇古道，沿此路登上陇山，打算从街亭进入陇右。街亭是汉代的略阳古城，地势非常险要，是通往关中的要道。蜀军如果占领街亭就可以截断魏军进入陇右，并可以直接东下进取长安。因此诸葛亮决定选择一名前锋率军据守街亭。智者千虑必有一失，诸葛亮没有听从众议派魏延或者吴壹，而是选拔了自高自大的马谡。

马谡，字幼常，马良之弟，襄阳宜城人，在军事理论方面有一定的造诣。刘备在世时认为马谡夸夸其谈，很不踏实，临终时曾对诸葛亮说："马谡言过其实，不可大用，君其察之！"诸葛亮对刘备的嘱咐没有给予足够的重视，仍然很器重他，任命他做参军。当年诸葛亮南征时，马谡的"用兵之道，攻心为上"的建议很受诸葛亮的赏识。作为先锋的马谡，任务就是守住街亭，把曹魏关中援兵阻隔在街亭之外。马谡自以为熟读兵书，通晓兵法，骄傲轻敌。他既不遵循诸葛亮的部署，又不听从副将王平的劝阻，而是私自安排将将高翔以少数兵力开进离街亭不远的柳城，自己则率主力"舍水上山，不下据城"，让军队驻扎在山上，远离水源。张郃指挥魏军把马谡的军队团团包围，"绝其汲道"，切断蜀军水源。蜀军饥渴难耐，陷入混乱。魏军乘机进攻，大败马谡军队，街亭失守。

街亭失守，打乱了诸葛亮的部署，使蜀军失去进攻的有利据点。此时，东线的赵云由于敌众我寡，作战失利。为了保全兵力，诸葛亮带领人马和西县千余家百姓，撤退到汉中。

诸葛亮退回汉中之后，忍痛按军法处死马谡。王平在街亭劝阻过马谡，撤退时收集散兵，保全人马，属于有功之人，被诸葛亮提升为参军。赵云兵败，但保全了兵将，诸葛亮将他由镇东将军降职为镇军将军。街亭失守，诸葛亮深感自己用人失察，有不可推卸的责任。于是上表后主，自请处分。刘禅感到很为难，后来听取了大臣们的意见，批准诸葛亮的请求，把他降职为右将军，代理丞相职务。

由于诸葛亮赏罚分明，严于律己，大大激励了将士，大家把失败作为教训，加紧练兵，准备下一次战斗。

（三）多次北伐 抱憾而逝

北伐曹魏是诸葛亮毕生的心愿，也是他辅佐后主刘禅之后一直主要从事的事业。继第一次北伐失利之后，他又在以后的数年中多次北

伐，可谓是为了蜀汉鞠躬尽瘁。

公元 228 年夏天，吴王孙权挑起了对魏的战争。魏明帝派曹休、司马懿、贾逵分别出兵寻阳、江陵和东关。孙权以陆逊为大都督领兵数万迎击曹休率领的魏军，在石亭（今安徽潜山东北）大败曹军，随之，曹休病死。当年冬天，诸葛亮利用魏军主力把孙权吸引至东线的有利时机，进行了第二次北伐。诸葛亮率众出兵散关（今陕西宝鸡西南），包围了陈仓（今宝鸡东北）。在陈仓遭遇了魏将郝昭的顽强抵抗，诸葛亮一方"有众数万，而（郝）昭兵才千余人"，蜀军采用各种办法攻城，郝昭则针锋相对地用尽各种办法迎敌，双方相持了二十多天。眼看魏援军将至，而蜀方军粮已尽，诸葛亮只好下令撤军。这次北伐诸葛亮未取得胜利，但是损失不大。

公元 229 年（建兴七年），诸葛亮进行了第三次北伐。他派陈式攻取武郡（今甘肃成县西北）和阴平郡（今甘肃文县西北），诸葛亮亲自出兵建威（今甘肃西和县北），魏雍州刺史郭淮领兵反击陈式，郭淮未战而退，蜀军遂顺利占领二郡。诸葛亮对当地的少数民族进行了安抚之后，留下驻守将领，然后领兵返回汉中。武郡和阴平郡战略位置特殊，对蜀汉有利，后主刘禅为奖励诸葛亮的功劳，恢复了他丞相的职务。第三次北伐蜀军取得了局部的胜利。

公元 231 年（建兴九年）春天，诸葛亮率军进行第四次北伐，再一次包围祁山。在这次北伐中，蜀军运用上了诸葛亮为运粮特意设计制造的"木牛"小车，不但节省了人力，还提高了运送粮食的效率。这时，魏国大司马曹真病重，魏明帝把正在荆州的司马懿调回，负责指挥魏军，抵御蜀军的进攻。司马懿留一部分军队守在上封（今甘肃天水西南），自己带领主力西救祁山。他深知诸葛亮善于用兵，不敢轻举妄动。部下再三催促，司马懿才派张郃南行解祁山之围，自己从中路进攻。结果，还是被蜀军大败。诸葛亮本可乘胜追击，但刘禅却因李严从中作梗，下令诸葛亮退军。司马懿派张郃追击蜀军，张郃说："军法，围城必开出路，归军勿追。"司马懿拒不接受，张郃只好奉命追击，结果中了蜀军埋伏，被乱箭射死。第四次北伐，诸葛亮取得了有利的战机，但被李严破坏。曹魏先期五大良将之一张郃之死是诸葛亮的一大胜利。

公元 234 年（建兴十二年）春天，经过了将近三年的准备，诸葛亮又进行了第五次北伐。他亲率十万大军，以魏延为先锋，兵出斜谷口，进据武功五丈原（今陕西眉县西南），与司马懿对峙于渭水南岸。在这次北伐中，诸葛亮战前又根据特殊地势特意设计了一种名为"流马"的运粮工具。诸葛亮总结了历次出兵粮草不济的教训，抽调一部分士兵在渭水南岸进行屯田，就地生产军粮，做长远对峙的打算。尽管如此，蜀军的粮草供应仍然出现危机。诸葛亮尽力寻找机会与魏军主力作战，但司马懿拒不出战，双方在渭南相持了一百多天。诸葛亮见魏军久不出战，己方粮草渐渐危急，心中渐生焦虑，食不甘味，寝不安席，又加之连年的劳累过度，诸葛亮病倒了。这一年八月，诸葛亮病逝于五丈原军中，时年只有54岁。诸葛亮死后，杨仪和姜维按照诸葛亮的临终部署，秘不发丧，整顿军马，向汉中撤退。司马懿追至途中被蜀军的军势吓回。当地的百姓笑话司马懿："死诸葛吓走了活仲达（司马懿字仲达）。"诸葛亮的最后一次北伐就这样结束了。

诸葛亮临终前向尚书仆射李福交代了人事安排问题，他向后主刘禅推荐了蒋琬为自己的接替者，蒋琬之后为费祎，再之后，诸葛亮就没有回答。

诸葛亮死后，蒋琬和费祎执政，他们都能继承诸葛亮的政策，对内保国安民，休养生息；对外通好孙吴，北伐曹魏的事情有所节制，基本维持了蜀汉的安定局面。二人去世后，接替者都没能很好地继承诸葛亮的思想，姜维一再地发动北伐，失败连连，朝中后主刘禅被小人蒙蔽，蜀汉国势日渐衰弱。公元263年，后主刘禅率众投降魏军，蜀汉亡朝，从公元221年，刘备称帝到刘禅亡国，共经历四十三年。

八、功德传后世

诸葛亮是一个维护封建纲常和崇尚儒家忠义道德的正统思想家。但是诸葛亮并不墨守儒家教条，他尊王而不攘夷，进兵南中，和抚夷越，在三国中执行了最好的民族政策。诸葛亮以"鞠躬尽瘁，死而后已"的精神成为后世的楷模。

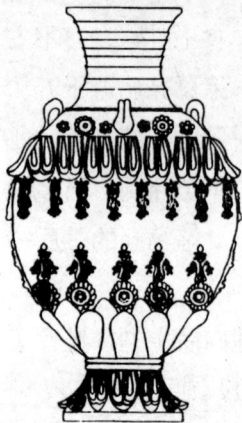

中国千百年来将诸葛亮描绘成为智慧的化身，其传奇故事为世人传诵。诸葛亮娴熟韬略，多谋善断，长于巧思。曾革新"连弩"，可连续发射十箭；制作"木牛流马"，便于山地军事运输；还推演兵法，作"八阵图"。

我们先来看一下和诸葛亮同时代的名士对诸葛亮的评价，司马懿称其："天下奇才也！"贾诩："诸葛亮善治国。"刘晔："诸葛亮明于治而为相。"刘备："君才十倍曹丕，必能安国，终定大事。"

一代名君唐太宗曾用"忠顺勤劳"四个字来形容诸葛亮，这是非常贴切的。清朝一代名君康熙皇帝，更直接表示："诸葛亮云：'鞠躬尽瘁，死而后已'为人臣者，惟诸葛亮能如此耳。"

诸葛亮去世后，蜀中人民非常怀念他，"百姓巷祭，戎夷野祀"。虽然蜀汉当局以不合礼法，拒绝为诸葛亮立庙，但是蜀中百姓、南中人民，几乎是全民运动，盛况空前，政府也禁止不了。据说这种情形，历数十年。唐代的孙樵表示：诸葛武侯去世已五百年，迄今梁、汉一带人民，仍然歌颂其事迹，立庙和祭祀者大有人在，人们对他的怀念是如此的久远而深刻。

公元263年，即蜀汉灭亡的那年年初，步兵校尉习隆、中书郎向允等上书刘禅，建议为诸葛亮立庙，刘禅批准此奏议，下令在沔阳（陕西勉县），邻近诸葛亮的墓地旁，修建庙宇，这就是最早的武侯庙。

公元304年，李雄在成都建立成汉政权。又在成都的"少城"建有"孔明庙"。公元347年，东晋大将军桓温伐蜀灭成汉政权时，烧毁了少城，但孔明庙却被刻意地保存下来，显示后代人对诸葛亮的敬重。

后来在成都南郊原来刘备庙的后堂，又修建了纪念诸葛亮的专设。到了唐代，诸葛亮的声望超越刘备，此庙竟被称为武侯祠，并且一直流传至今，成为成都重要的名胜古迹。这个武侯祠，名诗人杜甫、李商隐、陆游都曾来过此地，并且写下不少怀念诸葛亮的诗词。武侯祠中保存了很多有关诸葛亮的文物，最引人注目的是被称为"诸葛鼓"的三面铜鼓。主要基于一个传说；诸葛亮远征南中时，制作了这种铜鼓，白天做饭用，晚上若有情况时用以示警。这个传说一直在云南和四川一带广为流传，很多人相信诸葛鼓为诸葛亮所发明。这充分表现了人们对诸葛亮的怀念和敬仰。除了成都外，白帝城的武侯祠、南阳武侯祠及襄阳武侯祠也都享有盛名。

　　最后，以唐代著名诗人杜甫的《蜀相》来表示我们对这位千古名相的敬仰之心。

　　丞相祠堂何处寻？锦官城外柏森森。
　　映阶碧草自春色，隔叶黄鹂空好音。
　　三顾频烦天下计，两朝开济老臣心。
　　出师未捷身先死，长使英雄泪满襟。

　　诗句概括了诸葛亮的一生和对他的评价，至今吟诵起来，仍然令人为这位一千多年前的风云人物赞叹不已！

改革斗士——商鞅

商鞅，作为末日王朝的清流，动乱时代的人杰，作为中国历史上第一位具有魄力的改革家，他的悲惨命运曾令无数人为之感叹，他的功绩也为无数人所敬仰。商鞅变法的伟大功绩，无愧于我们今天称他为"改革斗士"，他的变法将在中华民族的历史上永放光芒。斯人已逝，千秋功过留于后人评说，后人应该哀之并且鉴之，继承其不畏艰难险阻、勇于开拓创新的精神。

一、时代的主题——战争与变法

清末戊戌六君子之一的谭嗣同在被捕前，本有机会逃往国外，保全性命，但他却说："中国历史上，少有为变法而流血牺牲的人，假如我的牺牲能换来变法的成功，能挽救国势衰微的命运，我宁愿作为变法而流血牺牲的第一人。"于是，慷慨就义。他的死使无数国人认识到清政府的腐朽与没落，从而激发了许多仁人志士的爱国热情，他们留洋海外去寻求救国救民的真理，也掀起了中国社会历史发展的新篇章。

纵观中国历史，真的就没有因变法而流血牺牲的人吗？答案是有，而且有很多，只是由于变法受到顽固派的阻挠而没有成功，从而也没有造成多大的影响。而唯一例外的就是两千多年前，中国历史上史无前例的变法——商鞅变法。商鞅，作为末日王朝的清流，动乱时代的人杰，作为中国历史上第一位具有魄力的改革家，他的悲惨命运曾令无数人为之感叹，他的功绩也为无数人所敬仰。虽然，人们习惯于站在儒家仁义道德立场上去评判人物，而对商鞅的人格嗤之以鼻，认为他罪有应得、死有余辜，但瑕不掩瑜，商鞅变法的伟大功绩，无愧于我们今天称他为"改革斗士"，他的变法将在中华民族的历史上永放光芒。

斯人已逝，千秋功过留与后人评说，后人应该哀之并且鉴之，继承其不畏艰难险阻、勇于开拓创新的精神，在改革开放的今天以此来推动中国历史的发展。

商鞅变法发生在我国春秋战国时期，在此之前，我国社会经历了所谓的以禅让制为代表的原始社会的三皇五帝时期，此时，社会还处在天人不分的原始蒙昧阶段，随着生产力的发展，私有制的出现，到了夏禹，就出现了不传贤而传子的阶段。我国的政治制度由禅让制变为王位世袭制，这标志着我国社会进入宗教文化阶段。这时候，国君即为百巫之长，具有绝地通天，沟通天人的本领，代表上天来统治人民。到周朝时，天命观念有所动摇，周朝统治者提出了"皇天无亲，唯德是辅"的敬天保民观念。特别是到周公制

礼作乐之后，标志我国进入礼乐文化阶段。在这个时期，礼用来别亲疏,乐用来和同异，以礼乐来维持社会的运转。此时我国的社会是以封建制、分封制和世袭制来作为统治基础的。西周建立之初，就分封自己的亲属和功臣到全国作诸侯国君，实行"建立屏藩，以卫周室"的政策。诸侯国君尊奉周王，定期向周天子供奉财物，并通过定期祭祀、宴饮来加强中央与地方的联系。诸侯国具有领兵保卫周王室的义务，而周王室只统治国都附近一小片区域，没有军队，其经济和安全保障全部靠诸侯国的供应来维持。周天子利用家国同构的宗法血缘关系，来维持政权的运转，其统治核心是建立在"礼""乐"之上。到了公元前771年，周幽王废申后与太子宜臼，立宠妃褒姒为后，立其子伯服为太子，任佞臣，戏诸侯，国人怨，诸侯怒。于是，废太子宜臼的舅公申侯，近结交朝臣，外联合少数民族犬戎反叛周幽王。犬戎的军队攻破了都城镐京，并且在骊山的山坡上杀死了周幽王。申侯实现了自己的外孙宜臼由废太子转为真天子的图谋，但代价是巨大而惨痛的，国破家亡，让犬戎饱掠而去。面对残破的国都和凋敝的原野，周平王即公子宜臼无奈东迁至洛阳，史称东周。而此时，众诸侯皆作壁上观，没有发兵帮助周王室，就在周王室绝续莫测之时，秦人挺身而出，秦襄公率兵救周，并且秦襄公派兵护送周平王至洛阳。事后，周平王封秦襄公为诸侯，并把周的都城镐京周围原有的废墟之地，以及岐山以西犬戎所统治的广大区域赐给了秦。秦于是立国，位于诸侯之列。

而周室自东迁之后，由于年代渐远，与诸侯国君的血缘关系也逐渐疏离，再加上周王室势力的衰落，地方诸侯国势力的增强，诸侯不再尊奉周王室，各诸侯国之间为了争夺土地和人口而征战不休，我国进入了春秋战国时期。这一切变化，都随着井田制被破坏出现了新的生产关系而产生，特别是铁制农具的出现。新的生产关系是以一家一户为单位的封建制生产关系，这一生产关系的出现，标志着新兴地主阶级开始登上历史舞台。为了维护地主阶级的统治，新兴地主阶级纷纷取得政权，以"三家分晋""田氏代齐"为标志，表明我国历史进入封建社会。各诸侯国君为巩固统治，纷纷以富国强兵为目标，实行变法，其最终目的是为了在诸侯争霸的战争中战胜敌国，以取得霸主地位。

西周、春秋间，天子的王畿和诸侯的封国，都有"国"和"野"对立的制度。国是指都城及其周围地区，都城里主要住的是各级奴隶主贵族以及他们奴役的手工业奴隶；都城的近郊往往分成若干"乡"，住着奴隶主阶级的下层，统称为"国人"。国人享有一定的政治经济权利，国家有大事往往要征询他们的意见。同时他们有缴纳军赋（贡献军需品）和充当甲士的责任，成为奴隶主国家政治和军事上的支柱。野也称"鄙"或"遂"，是指广大农村地区，主要住的是受到奴役的从事农业生产的平民，称为"庶人"或"野人"。当时的农村中常常保留有"村社"的组织，用作劳动编组的形式，"野人"被迫在奴隶主贵族所有的井田上进行繁重的劳动。因此，国和野的对立，是阶级对立的产物，反映了奴隶社会内部奴隶主阶级和广大劳动人民之间的对抗性矛盾。

奴隶社会的井田制度，是由原始社会末期的村社制度演变而成的。原始社会末期，随着私有制的出现，产生了以个体家庭为生产单位的村社组织。在村社中土地分为两部分：一部分为"公田"，由村社成员集体耕作，收获储藏起来用于祭祖、聚餐、救济等公共开支；另一部分为"私田"，按土地质量差别平均分配给各个家庭，由各家自己耕作，自己收获，用来维持全家生活。为了保持均衡，私田每隔一年或几年重新分配和更新一次。公田上的集体耕作，由村社中的长老带头进行，每年春耕开始时由长老主持春耕仪式，先由长老作几下象征性的耕田动作，用来鼓励和组织村社成员全体耕作。商、周奴隶主国家在征服各地的过程中，在把土地连同居民一起分封给贵族的时候，这种原始村社就发生质变，变为奴隶主贵族奴役和剥削平民的单位，原来的公田被贵族占为私田，称为"籍田"，并加以扩充，作为剥削集体劳动的一种方式，被称为"籍法"或"助法"；私田也被贵族占为私有，但还保留有徒有其名的定期分配制度，其实耕作者并无土地的所有权。

按照井田制的规定，每家分配私田 100 亩（约合今 31.2 亩），要按年龄"受田"和"归田"，所谓"二十受田，六十归田"；还要定期重新分配私田，所谓"三年一换土易居"，"三岁更耕之，自爱其处"。所有这些，分明是从原始的村社制度转变而来。这时施行井田制的"里"和"邑"实质上已成为被奴役的单位，从事耕作的庶人实

质上已成为集体奴隶。这时乡里的父老和里正已成为奴隶主贵族的下级官吏，监督人们从早到晚从事劳动。在夜长的冬天，妇女"相从夜绩（纺麻线），女工一月得四十五日"，每天要纺织十八个小时，可见所受奴役、剥削的苛重。

西周、春秋间，从天子、诸侯到卿大夫，都有大块籍田，并把籍田上的收获作为主要剥削收入，所谓"谷田不过籍"。这时籍田上的集体生产物已被作为剥削收入，原来的春耕仪式已被改造成为"籍礼"，变成剥削者监督庶人从事无偿的集体劳动的一种方式。籍礼举行时，由周天子带头表演象征性的耕田动作，公卿百官依次跟着表演，最后由庶人真正从事耕作，一直耕作到收获为止。如果垦耕不好，就要判罪处罚。奴隶主为了掩饰其残酷的奴役方式，仍然虚伪地宣称举行籍礼是为了关心农业，宣称籍田的收获将用于祭祖和救济等等。

西周后期由于广大奴隶和平民的反抗斗争，奴隶主在王畿之内已经无法迫使平民大量集中到籍田上耕作，于是周宣王不得不废除籍礼，即所谓"不籍千亩"。到春秋时代，中原各诸侯国"民不肯尽力于公田"，例如春秋初期，齐国的"甫田"上已经野草丛生，诗齐风甫田描写当时齐国"甫田"上"维莠骄骄""维桀桀"，"骄骄"和"桀桀"都是形容野草丛生。陈国的情况同样如此，当周定王派单襄公去宋国，路过陈国的时候，看到那里"垦田若""田在草间，功成而不收""野有庾积，场功未毕"。就是说，开垦的田地里长满了野草，田地埋没在野草中间，成熟的农作物没有收割完，已收的粮食堆积暴露在田野里，没有收进仓库。农业生产已经没落到如此地步，说明井田制已经瓦解，建立在井田制基础上的奴隶制农业生产已经无法维持了。

井田制的瓦解，一方面表现为"公田不治"，即"公田"上的农业生产逐渐没落；另一方面表现为井田以外开垦的私田不断增多。春秋后期以来，随着社会生产力的发展，分散的个体生产取代了旧式的集体劳动，以一家一户为生产单位的个体经济和个体经营的小农阶层，有了成为社会基础的可能。有些卿大夫在政治斗争中失败，他们的宗族也有成为小农的。例如晋国的范氏和中行氏族被赵氏战败流亡齐国，其子孙就"耕于齐"。又如楚国大夫伍奢次子伍员在其父被杀后出奔到吴，一度"耕于鄙"。个别失意的卿大夫也有参加雇佣劳动的。

例如齐国崔杼杀死齐庄公，庄公的亲信申鲜虞出奔到鲁，曾"仆赁于野"，"仆赁"是雇佣劳动。这些事实，表明当时小农已较多，否则这些出奔的卿大夫不可能插足其间。到春秋战国之际，这种小农经济就逐渐发展。

随着社会生产力的发展，小农经济的成长，井田以外开垦的私田逐渐增多，封建制生产关系也就随之产生，封建土地所有制也已出现。封建土地所有制的出现和成长，必然与井田制发生矛盾。随着封建土地所有制的逐步确立，封建生产关系不断发展，原来作为奴隶主阶级下层的国人，就进一步分化，有些转化为地主，多数转化为农民。公元前494年，吴国要陈国人随同攻楚，陈怀公为此召见国人，要求国人表态，凡是愿意从楚的站在右边，愿意从吴的站到左边，结果是"陈人从田，无田从党"，就是说，国人有田的按照田地所在的方位去站，没有田地的按照族党所在的方位去站。说明这时陈国的国人首先重视的是他们所有的田地，同时已有失去田地而成为"无田"的了。这说明到春秋晚期，国人正向地主和农民两个方面分化。与此同时，阶级斗争越来越尖锐，奴隶和平民有的相聚于山泽林薮之中展开武装斗争，有的被迫成为称作"隐民"的依附农民。为了挽救危机，巩固统治，各国的统治阶级纷纷进行改革。公元前594年，鲁国施行"初税亩"，就是废除"籍法"，开始实行按土地面积征税的办法，这固然是为了增加国家的赋税收入，但客观上公开确认私田的合法性和所有权，这就进一步破坏了作为奴隶制统治基础的井田制。到春秋晚期，中原各国都已经采用对土地按亩征税的制度，秦国在中原各国中，经济发展比较缓慢，直到公元前408年，才开始实行"初租禾"，这比鲁国的"初税亩"要迟一百八十年，这时的魏国由于最早实行变法，在诸侯国中国力比较强盛，正不断攻取秦的河西之地，再加上国内阶级矛盾比较尖锐，在内忧外患的形势下，秦国不得不实行改革，实行"初租禾"来增加国家的财政收入，同时秦国的地主阶级也开始取得合法地位，从鲁国实行"初税亩"到秦国实行"初租禾"，标志着封建制生产关系在奴隶社会的母胎内生长成熟。

春秋后期，奴隶主贵族越来越腐朽，生活上越来越奢侈腐化，为了满足其无穷的贪欲，就更加残酷地剥削劳动人民，贫苦人民或为乞丐，或相聚为

"寇乱盗贼"，于是，阶级斗争的浪潮高涨。当时流行的谚语是：兽恶其网，民恶其上；盗恶主人，民恶其上。这里人民把憎恶和反抗斗争联系起来，说明当时的广大奴隶和贫民对奴隶主贵族的残暴统治再也不能容忍了，于是就起来反抗。春秋时期广大奴隶反抗奴隶主贵族的斗争主要有以下四种方式：第一种是逃亡，这是奴隶经常采用的方式，即史书上记载的"臣妾多逃，器用多丧"。第二种，役人暴动。第三种，民溃。这是比较进步的一种方式，例如《诗经》上所说："硕鼠硕鼠，毋食我黍！三岁贯汝，莫我肯顾。逝将去汝，适彼乐土。乐土乐土，爰得我所。"第四种，为盗寇，即农民的武装斗争。

新兴的地主阶级登上历史舞台，随着其经济实力的增强，以"三家分晋""田氏代齐"为标志，新兴的地主阶级纷纷取得政权。为了巩固地主阶级专政，加强对农民的奴役和剥削，就先后不同程度实行变法，从中央到地方建立一套官僚机构，建立巩固封建统治的各种制度，建立专制主义的中央集权的封建政治体制，把分散的个体小农有组织地置于自己的统治和管辖之下，推行有利于自己的政策，奖励耕战，谋求富国强兵，求得在战国混乱的战争形势中以取得有力的地位，以取得自己朝秦楚、募四夷的政治野心。

在改革和战争成为时代主题的形势下，偏居一隅的、落后的秦国为改革斗士——商鞅的到来，提供了一个施展政治抱负的大舞台。

二、法家与秦国

周室东迁以后，周王势力衰落，随着井田制的瓦解，新兴的地主阶级登上政治舞台，不再遵守西周分封制施行以来所实行的"礼乐"，出现了"礼崩乐坏"的社会局面。在思想文化方面，出现了百家争鸣，许多新兴的地主阶级站在自己的立场上，发表不同的见解和主张，以挽救这种"礼崩乐坏"的社会局面，于是，就出现了中国历史上第一个思想解放时代，即百家争鸣，法家就是其中重要的一个学术流派。法家思想产生于三晋之地，出于狱官之手。春秋时期的晋国，地处北部，长期与戎狄等北方少数民族杂居在一起，地理条件较为恶劣，为生存问题经常发生争斗，受北方少数民族习俗的影响，形成"尚武、尚力"的传统。因历史上宫廷政变多发生在同宗贵族之间，国君靠和少数民族首领联姻并依靠他们的实力来维持政权，晋国国君血缘宗法观念淡薄，潜意识里把同宗贵族作为竞争对手来看待，因此形成"国无公族"的局面。不像中原各国重视血亲联系，重用同姓贵族，而晋国习俗恰恰与之相反，较少受儒家伦理道德的约束，这种环境特别适合法家的"刻薄寡恩、严而少义"的特点。与此同时，实行变法也较少受同宗贵族的阻挠和干扰，因此，法家思想就产生在三晋大地，代表人物有李悝、慎到、申不害等，法家思想特别适合春秋战国时期的战乱形式，也特别适合当时诸侯国国君"富国、强兵、争霸"的急功近利的需要。法家重功利、奖耕战，提出"利国、利众、无亲"的口号，主张"官不私亲、法不遗爱"，加强以战争为主题的舆论宣传，教民以勇战，"民见战赏之多则忘死，见不战之辱则苦生，赏使之忘死，而威使之苦生"，利用严刑峻法使"民之见战也如恶狼之见肉，使民闻战而相贺，父勉其子，兄勉其弟，妇勉其夫，皆曰：'不得，无返'"。正是这种"民族杂居、夷狄之教"使晋国形成了异于中原重道德伦理的历史文化传统，在法家思想的推动下，晋国的六个卿大夫的实力迅速增强，并且超过了晋国国君，出现三家分晋的历史事件，标志奴隶制政权的崩溃和新兴地主阶级开始登上

历史舞台。晋国的崛起刺激了其他各国的新兴地主阶级，纷纷接受法家思想，实行变法，因而法家思想受到当时各国统治者的欢迎，经济文化较为落后的秦国也不例外。

秦国为嬴姓部落，其祖先擅长养马、驾车，据传说，造父曾为周穆王驾驭马车，一日千里，前往昆仑山与西王母相会，后造父受封于赵，嬴姓部落一分为二。擅长御车的孟增一支被周天子强令前往河东，而擅长养马的女防一支被迫前往河西，与西方少数民族戎狄杂居，在与戎狄的征战中，建立酋邦，后随实力的强大，到秦庄公时建立公国，但始终没有得到周天子的官方认可，一直到秦襄公时因护送周平王东迁有功而被封为诸侯，秦才立于诸侯之列。因建国时间较晚，经济文化不发达，故在孔子带领众弟子周游列国时也没有把秦作为目的地，一直到战国中期，荀子到秦后也发出"秦地无儒"的感慨。虽然秦国的政治、经济、文化不发达，但其在地理形势与文化传统上，却与晋国特别相似，都具有"尚武、尚力"的传统，且血缘宗法观念比较单薄，特别适合法家思想的传播，所以历史学家有一种说法：法家的思想即"晋地之花，却在秦地结出丰硕果实"。秦为了在诸侯之中立足并确立其地位，必须在文化上进行改革，努力接受中原的先进文化，形成重视政治改革，招贤纳士的传统，这种世代传承的优良传统，为商鞅变法及后来的秦统一六国奠定了坚实的政治基础。正是由于秦兴起于戎狄聚居之地，受传统思想的影响较小，这也为政治改革减少了阻力，降低了其改革的政治风险。更何况秦与山东各国相比有一个比较大的优势，那就是领土广阔，周室东迁时，把周的旧地及岐山以西的广大地区全部赐给了秦国，在周代"普天之下，莫非王土；率土之滨，莫非王臣"的观念影响下，秦的地域优势是其他诸侯国无法比拟的。山东各诸侯国，要想扩大土地和增加人口，就必须通过战争，因为各国的疆域在西周初期分封诸侯时就给限定了，而周天子却把半个中国交给秦来支配。广阔的领土、尚武的精神、招贤纳士的传统，所有这一切好像都是为商鞅准备的，为他提供了一个大显身手的舞台，历史在默默等待着商鞅的到来，而秦国也在为统一六国积蓄着力量。

中国古代著名文臣

三、商鞅入秦

秦是在周的废墟上建立起来的，其在建国以前还处在羌戎的包围之中，过着游牧生活，政治、经济、文化还十分落后。后来，秦日益接受华夏的礼乐文化，逐渐向封建社会过渡。这时候，秦的东邻魏国最先强大起来，魏文侯最早实行变法，任用李悝为相，吴起为将，使魏国的实力迅速强大，并且派吴起领兵攻取秦的西河之地。同时，魏国也处在秦东进中原的咽喉之地上，是秦国东进中原的最大威胁。魏文侯死后，吴起奔楚，辅助楚悼王实行变法，秦国的南邻也更加强盛了。东来的压力和南来的冲击传到关中，使秦国贵族中尚能以社稷为重的成员不胜忧虑，他们终于认识到在这样的外部环境下，秦国的苟安势必导致束手待毙，于是发动兵变，迎立流亡在魏的公子连回国即位。公元前351年，秦孝公即位决意继承其祖先秦穆公和其父秦献公的遗志，锐意改革，于是颁发求贤改革诏书，通令全国，广招奇才，表示自己要发愤图强，做一个开疆拓土的国君。秦孝公还郑重宣布：不管是本国人，还是外国人，只要能献出奇计良策使秦国富强，就封他做大官，赏他大片土地。在这种形势下，"改革斗士"商鞅入秦了。

商鞅（约公元前390—公元前338年），战国时秦国的政治家，姓公孙，卫国贵族，又称卫鞅或公孙鞅。他虽是卫国国君的后代，但却是姬妾所生的庶出公子，按照春秋时期的惯例，诸侯之子曰子，诸侯之孙曰公孙，故称其为公孙鞅，他又生于卫国，又以国名卫称呼他为卫鞅。后来，因帮助秦孝公变法有功，秦孝公把商、于之地分封给他，号为商君，顾又称其为商鞅。商鞅虽贵为公子，但家道已经败落，只好流落他乡，四处游宦。他读了很多书，很有学问，知识渊博，少好刑名之学，即法家思想，他演习法家创始人李悝的《法经》，而且在做魏国相国公叔痤的门客时，有机会接触到吴起的作品，因此涉猎了不少兵家的著作。后来师从鲁国人尸子、长卢学习杂家的理论，再加上他对社会和时局具有敏

锐的观察力和把握力，因此成为战国时代的英雄。无论是谁，无论做什么，历史只会把机会交给有准备的人，作为改革斗士的商鞅也是如此。

年轻的公孙鞅看到卫国十分弱小，根本不是自己施展才干的地方，就跑到魏国，做了魏国国相公叔痤的门客。公叔痤很快就发现公孙鞅是个人才，就想把他推荐给魏王。有一次，公叔痤病了，魏惠王亲自来探问病情。公叔痤乘机对魏惠王说："我的门客公孙鞅虽然年纪不大，但才能出众。万一我有个三长两短，大王可以把国家大事托付给他。"魏惠王听了，没有作声。公叔痤知道魏王不肯重用公孙鞅，于是对魏王说："大王如果不愿任用公孙鞅，那您就把他杀了，千万别让他跑到别的国家去，否则后患无穷呀！"魏王一口答应下来，然后就起身回宫了。魏惠王一走，公叔痤立刻派人找来商鞅，告诉他说："今天我向大王推举你，不过我看大王并没有任用你的意思。于是，我让大王把你杀掉，大王答应了。你得马上离开魏国。"商鞅笑着说："大王既然不听您的话重用我，又怎么会听您的话杀我呢？"于是，他哪儿都没有去。果然不出商鞅所料，魏惠王离开后，对左右说："公叔痤真是病糊涂了，一会儿让我把国家大事都托付给公孙鞅，一会儿又让我杀了他。这不是荒唐透顶吗？"公元前362年，秦孝公即位，他通令全国，广招奇才，表示自己要发愤图强，做一个开疆拓土的国君。秦孝公还郑重宣布：不管是本国人，还是外国人，只要能献出奇计良策使秦国富强，就封他做大官，赏他大片土地。此时，公叔痤已经病死，商鞅知道魏惠王肯定不会重用自己，又听说秦孝公招纳贤才，就来到了秦国。

商鞅在魏国得不到重用，那他是怎样得到秦孝公的重用的呢？秦孝公为什么会任用他变法呢？商鞅第一次见到秦孝公时，向他大讲尧舜禹的仁义，要求秦孝公学习他们，行帝王之道。秦孝公根本听不进去，直打瞌睡。第二次，商鞅把第一次的话重复了一遍。秦孝公不耐烦了，生气地对商鞅说："你怎么如此迂腐？我怎么能重用你啊？"商鞅请求第三次见秦孝公，这次以富国图霸之术游说他。商鞅对秦孝公说："一个国家要富起来，必须注重农业；要强大，必须奖励将士；要把国家治理好，必须有赏有罚。有了重赏，老百姓就能够拼命；

有了重罚，老百姓就不敢犯法。有赏有罚，朝廷才有威信，一切改革也就容易进行了。"秦孝公听得津津有味，一连和商鞅谈了好几天，并决定重用商鞅，变法图强。

秦孝公要任用商鞅变法的消息传开后，很多人表示强烈反对。秦孝公于是把大臣们召集在一起，让他们辩论。大臣甘龙首先反对说："我听说圣贤之人不用改变民众的习俗来推行教化，明智的人不用改变原来的制度来治理国家。如果不按老规矩办事，随意变动旧法，天下的人就要议论，甚至会引起混乱。"另一位大臣杜挚也反对说："如果没有百倍的好处，不必改变旧有的法制，没有十倍的功效，就不必更换原有的规矩。遵守古法不会错，按照传统规矩办事不会差！"商鞅针锋相对批驳道："你们这些人，只会墨守成规。要知道，有智慧的人为国家制定新法，平庸的人则只能受制于成法。过去的帝王并不是走同一条路，该仿效哪个帝王？商汤与周武王，他们并没遵循古代的制度，不是也兴旺发达起来了吗？夏桀和商纣王，没有改变旧有的制度，不照样灭亡了吗？现在，要使国家富强，怎能不变法呢？"商鞅滔滔不绝，说得大臣们个个哑口无言。秦孝公听他讲得头头是道，十分高兴，更加坚定了变法的决心。于是，他任用商鞅为左庶长，掌握军政大权，开始进行一系列重大改革。

商鞅上任以后，很快制定了一些新法。为了取信于民，商鞅在新法公布之前，命人在秦国京都的南门口立了一根长约三丈的木杆，并贴出告示："谁能把这根木杆扛到北门去，赏黄金十两！"布告一出，南门口围了一大群人，大家交头接耳，议论纷纷。有的说："这根木杆谁都拿得动，哪儿用得着十两金子？"有的说："这大概是官府在跟咱们开玩笑吧！"甚至有的还说："谁知木杆子里藏着什么货色。就凭这根三丈长的木杆，扛着走这么点路，就赏十两黄金？说不定会引来什么麻烦，大家千万不要没事找事！"人们只是你看看我，我看看你，没有人敢去扛。商鞅听说没有人肯扛木杆，一下子就把赏金加到五倍，说："能把这根木头扛到北门去的，赏他五十两黄金。"人们听了，吓得直吐舌头，看热闹的人越来越觉得不近情理，大家对这根木杆连碰都不敢碰了，更别说扛了。正在大家疑神疑鬼的时候，忽然人群里钻出一个小伙子来。他打量了一下那根木杆，就说："我扛得动！"于是

把木杆扛起来就走。大家闪开一条道，嘻嘻哈哈地跟在小伙子身后向北门跑去，把木杆送到北门，大家又陪小伙子回到城南门。小伙子一到，商鞅就对他说："你听从朝廷命令，是个奉公守法的好人。"当时就命人把五十两黄金端了过来，赏给了那个小伙子，一分也不少。看热闹的人一见他真得了赏，都愣了。他们都后悔刚才没扛，错过了机会。这件事情立刻传开了，全国都知道了。老百姓都说："现在官府真是说话算话啊！"

商鞅在得到秦孝公的大力支持以后，经过御前大辩论和"徙木立信"，为即将到来的改革做了有力的舆论准备之后，就开始了大刀阔斧地改革，随着《肯草令》的发布，标志史无前例的商鞅变法已进入实施阶段。

四、商鞅变法

在前后十几年的时间里，商鞅共进行了两次变法。

（一）第一次变法

秦国经过了三年的变法准备，到公元前 356 年，秦孝公任用商鞅为卫庶长，实行第一次变法，主要内容有下列四点：

1. 颁布法律，制定连坐法，轻罪用重刑。商鞅把李悝所制定的法经增加了连坐法。就是在按五家为一伍，十家为一什的基础上，建立相互告发和同罪连坐的制度，告发"奸人"的可以如同斩得敌人首级一样得到奖赏，不告发的要腰斩，如果一家藏奸，与投敌的人受到同样的处罚，其余九家如果不告发，要一起办罪。旅客住店要有官府凭证，否则，店主人与奸人同罪，其目的是为了限制人民的随意流动和战国时期纵横家的四处游说。还主张对轻罪用重刑，认为这同样可以迫使人民连轻罪也不敢犯，重罪就更不用说了，这叫"以刑去刑"。为了保护私有的马和耕牛，对盗窃牛马的人判处死刑，为了统一度量衡，规定"步过六尺者有罪"。对轻罪用重刑，目的在于贯彻指定的法律，运用封建政权的力量，加强对人民的统治，更重要的是把人民的反抗斗争给镇压下去，以达到地主阶级所说的"大治"。《战国策》评价商鞅变法的成效是："道不拾遗，民不妄取，兵革大治。"史记称赞其为："道不拾遗，山无盗贼，家给人足……乡邑大治。"

2. 奖励军功，禁止私斗，颁布按军功赏赐的二十等爵制度。颁赐爵禄，基本上是财产、权力以及社会地位的一种分配制度。西周以来，为了巩固宗法制度以及统治者的权力，周王朝将爵位基本上分为公、侯、伯、子、男五等，俗称五等爵，其主要特点是将宗法血缘关系和爵位紧密结合在一起，而且世代相传罔替到。春秋战国时期，一种新的爵禄制度开始兴起，爵

位开始与宗法血缘脱钩，爵禄也止于其身或三代而止。商鞅变法时，就采用了这种制度，并且把爵位分得更细，分为二十等：第一级是公士；二级是上造；三级是簪袅；四级是不更，是相当于士的；第五级是大夫；六级是官大夫；七级是公大夫；八级是公乘；九级是五大夫，是相当于大夫的；第十级是左庶长；十一级是右庶长；十二级是左更；十三级是中更；十四级是右更；十五级是少上造；十六级是大上造；十七级是驷车庶长；十八级是大庶长，是属于庶长一级的，相当于卿的；第十九级是关内侯；二十级是彻侯，也叫列侯，是相当于诸侯的。收回贵族所有的爵位，取消他们的特权，所有一切都与战场的军功挂钩，即只有在战场上立下功劳的，才可以重新回到贵族的行列，领回爵禄。并且此时的秦国，老百姓的衣食住行都与爵禄联系起来，吃饭穿衣都与军功挂钩，有严格的规定，"有军功者显荣，无功者虽富无所芬华"。占有田宅、奴隶的多少以及服饰穿戴，都必须按照爵位等级的规定，否则是要受到处罚的，同样，以奖励军功而禁止私斗，"为私斗者，各以轻重被刑"，把全国人的注意力都集中在战场上，从政治、经济等多方面建立军国体制，以适应战国时期战乱形势的需要。

3. 重农抑商，奖励耕织，特别是奖励垦荒。秦国地广人稀，荒地较多，再加上农业生产条件不太好，秦人传统上以游牧为主，故多战马，而军粮缺少，特别是遇到灾旱之年，情况更差。所以商鞅在秦国把奖励开垦荒地作为发展农业生产的重点。商鞅变法令规定："僇力本业耕织而致粟帛多者，复其身；事末利及怠而贫者，举以为收孥。"本业指从事男耕女织的生产事业，末利指商业和手工业，复其身指免除其本身的徭役，收孥指连同妻子、儿女收入官府为奴隶。这样的法令是为了奖励一家一户的男耕女织的小农经济的生产，有利于推动封建生产力、封建生产关系的发展，从而促进地主经济的发展，增强地主阶级的实力。为了达到重农的目的，商鞅不惜采用各种办法抑制商人及商业活动，在《垦令》里规定：第一，商人不得卖粮，不能卖米粮，就无利可图，那么就对自己的行业胆怯怀疑；第二，提高酒肉价钱，把酒肉的价钱提高十倍，并加重其税，那么，酒肉商人就无利可图，一定会数量大减，而在位者就不能随意挥霍；第三，废除逆旅经营，不许商人经营旅馆，旨在限制劳动人民的流动和削减纵横家的游说活动；第四，加重商品销售税；第五，商家的仆人必须服兵役。其目的都是为了减少商人的数目和活动。另一方面，采取多种措施鼓励和资助农业的发展：第一，增加农民的数目，这是抑商的直接目的，农民数目增加了，农业自然也就发达起来了。第二，逼迫农民专心务农，禁止农民购买粮食，逼迫他们自食其力。第三，使农民愚守于耕种，隔绝农民与知识的关系，使他们愚昧无知则不生异心，就专心致力于农耕了，同时也要逼迫农民心静如水，就能安心务农了。第四，裁减官吏，使农民不累。官员数量少则税轻，官员廉政则民静，农民自然不受干扰，就有时间去开垦荒地了。还主张"一山泽"，就是由国家统一管理山泽之利。所有这些措施，其目的在于防止商人损害和破坏小农经济，扶助小农经济的发展，这在封建社会刚开始确立阶段有巨大的进步作用。

4. 焚烧儒家经典，禁止游宦之民。商鞅为了推行变法令，打击儒家的复古思想，曾断然采取"燔诗书而明法令"的措施，同时下令禁止私门请托，禁止游说求官的活动。

商鞅的变法必然会引起旧贵族的反抗，一时国都内"言初令不便者以千数"；后来这些人又前来献媚说令便，商鞅称之为"乱化之民，尽迁之于边城"。历史上任何一次变法维新，都不仅是一种治国方略的重新选择，而且是一种利益关系的重新调整，这便是改革会遭到阻力的真正原因。由于商鞅废除井田、奖励耕战等改革措施触犯了贵族阶层对土地和官职所一向具有的垄断特权，因而便遭到了以太子为首的既得利益集团的强烈反对。但是商鞅并没有被这些有权有势的人所吓倒，他认为法律的制定，并不只是用来制裁老百姓的，自古"法之不行，自上犯之"，因而主张首先惩办那两位唆使太子违抗新法的老师。结果，公孙贾的脸上被刻上了墨字，公子虔则因屡教不改而被割掉了鼻子。商鞅此举，确实起到了"杀鸡儆猴"的作用。人们看到，就连太子的老师都逃脱不了法律的制裁，于是再也不敢抱有任何侥幸的心理了。经过商鞅的这番努力，新法"行之十年，秦民大悦。道不拾

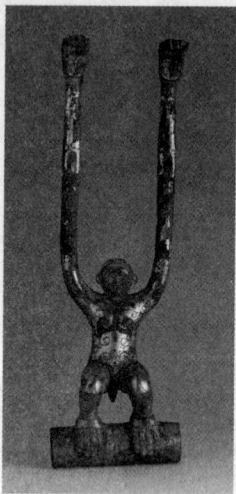

遗，山无盗贼，家给人足。民勇于公战，怯于私斗，乡邑大治"。《战国策》对此事的评论是："商君治秦，法令至行，公平无私，罚不讳强大，赏不私亲近，法及太子，黥劓其傅。期年之后，道不拾遗，民不妄取，兵革大强，诸侯畏惧。"商鞅执法敢于不避贵势，在秦国震动颇大，这是上下都能奉公守法的重要原因。新法令推行几年后，秦国百姓家给人足，臣民勇于公战而怯于私斗，故国势蒸蒸日上，孝公以商鞅为大良造。商鞅受命为大良造，接着办理了两件事：一，出兵占领魏固阳。固阳是魏的重要关塞，魏在此地修筑魏长城用以抵挡秦国的进攻，是秦、魏两国的必争之地，商鞅占领固阳，那么，魏长城就失去了应有的防御作用，而秦东部边疆的压力就相对减轻了。有了相对稳定的环境，商鞅才有时间安心地推行改革。二，迁都咸阳。秦占领固阳之后，魏长城就失去了作用，河西之地尽在秦国的势力范围之内。这个时候，秦国已不再是一个固守一隅、落后懦弱的国家了。秦人的视线已放眼东方，准备渡过黄河，把战场开辟到黄河以东去，为了达到这战略目的，必须把首都迁到更理想的地方，便于运作全国经济、政治及军事。咸阳是秦孝公及商鞅理想之地。咸阳，北倚高原，南临渭水，坐落在秦岭怀抱之间，沿渭水而下，可直达黄河，然后直奔函谷关，利于出击，是东向发展的方便之地。经过三年的经营，咸阳终于具备了国都的条件。两年后，秦从雍（今陕西省凤翔）迁都咸阳，并第二次下变法令。

（二）第二次变法

公元前 350 年，商鞅进行第二次变法，这次变法进一步从经济和政治上进行改革，目的在于进一步谋求富国强兵。变法内容主要有以下几点：

1. 废除奴隶制的井田制，"开阡陌封疆"。阡陌指每一亩田的小田界，封疆指每一顷地的大田界，意思是指废除井田制，把原来百步为亩的"阡陌"和每一顷田的"封疆"统统废除，开拓为二百四十步为一亩，重新设置新的界限。这项举措是为了废除奴隶制度下的土地国有制，允许并承认土地私有和买卖，扩大政府拥有土地的授田制度，以利于地主经济的发展，增加封建政权的地税收入。因此，所谓"废井田、开阡陌、封疆"，是为了重新整治耕地，令民力尽其用，使军功授爵赐田发挥更大的作用。并且颁布法律严禁侵犯私有土地，即"盗徙封，赎耐"。就是指把私自移动田界看做偷盗行为，要判处耐刑（即剔除鬓发），但允许出钱赎罪。

2. 普遍推行郡县制，设置县一级官僚机构。秦孝公时代，秦国已实行郡县制代替封建世袭制，进一步加强中央对地方的控制，也进一步将地方官员的任免大权集于国君一身，商鞅这时把乡、邑聚（村落）合并为县，建置了四十一个县，设有县令、县丞等地方官吏，还设有县尉。县令是一县之长，县丞掌管民政，县尉掌管军事。公元前349年"初为县有秩史"，就是在县官之下，开始设置有定额俸禄的小吏，从此县一级地方行政机构才正式确立。县制的普遍推行，是为了把全国证券、兵权集中到朝廷，建立中央集权的封建政治体制，以便于巩固封建统治，发展地主经济。《商君书·垦令篇》说："百县之制一形，则从；迁者不饰，代者不敢更其制，过而废者不能匿其举。"就是说，各县的政治制度都是一个形态，则人人遵从，奸邪的官吏不敢玩弄花样，接替的官吏不敢变更制度，犯了错误而罢黜的官吏就不敢掩盖其错误行为。还认为，只有这样，才能"民不劳""民不敖"，做到"农多日，征（征收赋税）不烦，业（农业生产）不败，则草（草地）必垦矣"。在不实行封建制度的前提之下，对于新占领地区，秦必须构思出一套管制的办法，而郡县制度正好满足这个需要。商鞅此时加以推行，一方面说明秦国新占领地区逐渐增多，另一方面也是未雨绸缪，使这套制度推行到全国去，成为秦治国的基本政体。

3. 统一度量衡制，颁布度量衡的标准器。这是公元前344年具体实施的，对于统一赋税制度、俸禄制度和发展商业，都有一定的作用。统一全国的度量衡，是商鞅改革的一项重要措施。它不但显示了某项标准在一个国家内必须统一，也昭示世人秦国有统一所有不同标准的决心。因此，对秦国而言，统一度量衡不过是这个决心的第一声而已。根据司马迁的概括，法令为"平斗桶、权衡丈尺"。斗桶，指计算容积的衡器；权衡，指重量的衡器；丈尺，指长度的衡器。商鞅在此次的改革中，统一了全国的容积、重量、长度的度量标准，以及货币制度。除了颁布政令，商鞅也采取了

一系列具体步骤来达到这个目标。首先是将全国的度量衡及货币规定出相同的进制，其次是制造统一的标准度量衡仪器，并将它们散发到全国各地，使各地以此为标准。流传到今日，我们还能看到"商鞅方升"（铸刻于秦孝公十八年的铜质，今藏于上海博物馆），就是散发给全国各地做标准的一种衡器。在春秋战国时期，度量衡及货币不仅在各国各地之间有差异，而且在一个国家之内也有差异，情形相当紊乱。例如齐国早期的公量以四升为斗，四斗为区，四区为釜，十釜为钟。然而，田氏为了收买人心，改作五升为斗，五斗为区，五区为釜，十釜为钟。同一个国家之内，就有两种标准。这样，当然给政府的税务制度带来很大的困扰，因而，统一这些不同标准是有远见的政治家刻不容缓的一项工作，商鞅走在了时代的前头，不愧为改革斗士。

4. 开始按户按人口征收军赋。公元前 384 年秦"初为赋"，这是按户按人口征收的军赋，就是云梦出土秦律所说的"户赋"，也称"口赋"，为汉代"算赋"的起源。秦律规定，男子成年要向政府登记，分家另立户口，并缴纳户赋。如果隐瞒户口，逃避户赋，就成为"匿户"，要严加惩罚。如果男子成年而不分家登记户口的，要加倍征收户赋。商鞅曾下令："民有二男以上不分异者，倍其赋。"当时商鞅没有采取鲁国季孙氏那样"用田赋"的办法，而是采取按户按人口征收的办法，这是为了奖励开垦荒地，保护地主阶级的利益，增加地主政权的赋税收入。杜佑指出这是"舍地而税人"；马端也说，这是由于"任民所耕，不计多少，于是施舍地而税人"。《商君书·垦令篇》说："禄厚而税多，食口众者，败农者也。则以其食口之数，赋而重使之，则辟淫游惰之民无所于食。"这是说，俸禄厚而收入田租多的，家中养着众多吃闲饭的人，这对发展农业生产十分不利。政府征收口赋，并加重他们的徭役，那么这些游荡懒惰的人就没处吃饭。这说明商鞅采取这项措施的目的之一，是为了限制官僚地主豢养的食客的数目。但是，只征收口赋的结果，受害最大的还是广大农民和其他劳动人民，因为这样大大增加了贫苦劳动人民的负担。商鞅规定一家有两个成年男子的必须分家另立户口，否则就要加倍征收赋税。这是为了确立以一夫一妇为单位的农户，以便于开垦荒地，扩大农业生产，增加政府的地租收入和封建国家的赋税收入。强力推行小家庭制除了有利于土地开发，增加国家税收之外，恐怕也和扩大兵源有关系。当时，征兵制是以户口为单位的，户口增加，兵的数量当然就随之增加了，《商君书·境内》谓全国的"丈夫、女子"都必须登记在册子上，这本册子就是国家收税、征兵的依据。所以，推行小家庭制是多种目标的，对秦国的国势具有决定性的影响。但这种对不分家的成年男子加倍征赋的法令，虽有助于小农经济和封建生产关系的发展，却给贫苦人民带来了深重的灾难。

5. 改革残留的戎狄风俗，禁止父子兄弟同室而居。由于秦国的西南和西北都是少数民族，秦国统一了许多少数民族地区，因而秦国残留的戎狄风俗还是很多的。根据后代的记述，北方少数民族的习俗与华夏有很大的不同，特别表现在男女婚事上：儿子可以娶他的后母，孙子也可以娶他的后祖母；祖父虽未死，他的孙子也可以娶后祖母；叔父死，他的侄子可以娶叔母；兄弟死，他的弟弟可以娶嫂子，从兄弟也可以。似此情形，证明其男女关系非常复杂，不因父子兄弟而有别，更不因此而分居，这与中原各国重视宗法血缘、伦理道德的中华传统习俗有很大的不同，还停留在原始社会的群婚、群居的制度阶段，因此，商鞅就实行法律移风易俗，使其接受先进的中原文化，其目的还是在于加强封建统治。

比较商鞅的两次改革，就会发现，第一次改革着重于基本层次方面：一方面实行分户令，挖掘农耕劳动力的数量潜力，使农业增产，粮食增收，为军粮做准备。另一方面鼓励百姓争功，以军为荣，建立军国主义的体制，基本上围绕农耕、征战两大主题展开。到第二次改革，他征收人头税，统一度量衡，推行新的郡县制，这些都和建立统一的封建政权有很大的关系。换句话说，首次改革的眼光是放在国内，第二次改革就放眼中原了，据此，就足以证明，商鞅不愧为一个改革斗士，是一个具有雄才大略的改革先行者。

虽然商鞅推行第一次改革用了六年时间，而且成绩显著，然而，保守派的势力依然存在，以太子为首的一派旧势力仍然负隅顽抗，准备和这位外来宾客周旋到底。在第二次改革推行的第四年，保守派的代表人物公子虔发难"复反约"，以身试法，与商鞅对抗，考验商鞅，商鞅依然与之对抗到底，再次惩罚了公子虔，割掉了他的鼻子。公子虔是太子的师傅，按中国传统"不看僧民看佛面，打狗也要看主人"的说

法，他的一再被罚，是不给太子面子，此举虽然对保守派的打击非常大，但也为商鞅后来的悲惨结局埋下了祸根。商鞅为了贯彻改革，一再留下祸根，可算是因公忘私了。

铲平了保守派设置的障碍之后，商鞅继续推行变法改革，仅几年光景，举国上下都朝向"农耕、军战"的目标努力，秦国富强起来，而且声名远扬取得了山东各国的认同。秦孝公十九年，即公元前343年，为了庆贺秦国的丰功伟业，周天子致伯，如桓谭《新论》上说："无制令刑罚谓之皇，有指令而无刑罚谓之帝；赏善诛恶，诸侯朝市谓之王；兴兵约盟，以信义矫世谓之伯。"周天子封秦孝公具有"兴兵约盟，以信义矫世"的"伯"的霸名。次年，据《史记》记载："诸侯毕贺，秦使公子少官率师，会诸侯逢泽，朝天子。"诸侯纷纷派使者前来祝贺，秦孝公还派公子少官为代表，带领军队与诸侯相会于逢泽，然后，一道朝见周天子，具有了"挟天子以令诸侯之势"。这时候的秦孝公，不但已达到求贤诏中所说的"西霸戎狄，广地千里，天子致伯，诸侯毕贺"的战略目的，而且，秦国恐怕已有了更大的野心。

秦国逐渐强盛，发动了一连串的军事进攻。商鞅实行改革的第二年，秦孝公与魏惠王相会于杜平，这次相会，一则向诸侯显示秦国富民强，国势增加；二则秦急于打开向东的通道，所以借这个机会试探虚实。相会的第二年，即公元前354年，在魏国与赵国大战于邯郸的时候，秦国乘机从魏的背后攻打上来，斩首七千，夺去了魏国的少梁，这是商鞅变法后第一次军事上的大胜利。公元前352年，即秦孝公十年，商鞅被升为大良造，掌握了秦国的军政大权，这个时候的中原各国，正在进行大规模的激战。魏军攻克了赵的国度邯郸，大部分军队胶着在那里，而楚国却来援助赵国，出兵攻打魏国，所以，魏国腹背受敌，东边的齐国见有机可乘，也出兵与魏国作战，打败了魏军，俘虏大将庞涓。掌握军政大权的商鞅，立刻带领大军长驱直入，穿过河西，直扑魏的旧都安邑，不费吹灰之力，就占领了安邑，这时候的魏惠王，才感到非常后悔："寡人恨不用公叔痤之言也。"秦孝公二十年（公元前342年），魏国又与齐、赵、宋等国进行大战，魏国在马陵被齐国打得落花流水，太子申被俘虏，魏将庞涓自杀，魏国的国势江河日下。这时，商鞅向秦孝公建议："秦之于魏，譬如人之有腹心疾，非魏并秦，秦即并魏。何者？魏据领轭之西，都安邑，与秦界河而独擅山东之利。利则西侵秦，病则东收地。今以君之贤圣，国赖以盛。而魏往年打破于齐，诸侯畔之，可因此时伐魏，魏不支秦，必东徙。东徙，秦居河山之固，东乡以制诸侯，此帝王之业也。"秦孝公立刻接纳了商鞅的建议，即刻任商鞅为大将，出兵伐魏，而此时魏的主将是公子卬，有关这场战争，《史记·商君列传》这样记载：军即相距，商鞅将公子卬书曰："吾始与公子欢，今俱为两国将，不忍相攻，可与公子面相见，盟，乐饮而罢兵，以安秦魏。"很显然，商鞅是以诈术欺骗魏公子卬，不是通过正当手段打败魏兵，用兵不厌诈的手段，骗走了魏国的主将，赢得了这场战争的胜利，并乘胜追击。这一战虽然生擒了魏的主帅公子卬，然而，却胜之不武，赢得非常不光彩。历史上非议商鞅以诈术取胜者不乏其人，比如与商鞅时代最接近的应侯说："夫公孙鞅事孝公，极身无二，欺旧交，虏魏公子卬，卒为秦将破敌军，攘地千里……"用一"欺"字，可见当时的人对商鞅的做法已有微词了。其后批评者日多，《吕氏春秋·无义》说："公孙鞅因伏卒于车骑，以取公子卬。秦孝公殁，惠王立，以此疑公孙鞅之行，欲加罪焉。公孙鞅与其母归魏，襄疵不受，曰：'以君之反公子卬，吾无道知君。'"出卖旧友以赢取军功，秦魏两国都不能相容，商鞅付出的代价太大了。《新序》里评价此事："无信，诸侯畏而不亲。今商君倍公子卬之旧恩，弃交魏之明信，诈取三军之众，故诸侯畏其强而不亲信也。"诈取军功，商鞅虽有功于秦，却违背了中华民族的儒家礼仪道德规范，永远逃脱不了历史的道德审判。

总而言之，自改革以后，秦国富民强，加上商鞅的多谋善战，为秦国带来丰硕的战果，开地千里，威震天下，秦国后来的国君都蒙其泽。就在商鞅生擒魏公子卬后，秦孝公封商鞅于商、于之地十五城，人称其为"商君"，他的个人功业达到了顶峰。这个时候的秦国，内力法度，外修兵备，南有巴蜀，东战河西，此时的秦国已不再是昔日的屈居一隅的边远小国，而是一个具备了向东扩张实力的军事强国了。秦孝公以后的历代国君，就沿着商鞅开创的这条道路继续走下去，最后完成了统一六国的伟业。贾谊在《过秦论》中说："秦孝公据崤函之固，拥雍州之地，君臣固守以窥周室……当时是也，商君佐之，内力法度，务耕织，修守战之备，外连横而斗诸侯，于是秦人拱手而去西河之外。"可见，若无商鞅及其变法，秦恐怕没有拱手而去西河之外的能力，恐怕也没有能力统一天下。

五、商鞅之死

商鞅自公元前 361 年入秦，先后两次实行变法，由左庶长升大良造，又于公元前 340 年受封为"商君"。在这 20 年间，商鞅不仅为秦奠定了帝王之基，

而且使其个人登上了富贵功名的顶峰。正当商鞅心满意得之时，一个恶兆袭来——秦孝公身染重病，"疾且不起"。

秦孝公知道太子与商鞅素有仇隙，而且其他宗室贵戚也对他深怀积怨，如果自己故去，太子即位，君臣之间将发生严重内讧，则秦国的基业也有可能被断送，想到此，秦孝公打算效仿古人的禅让制，传位于商鞅，以完成自己的未竟之业。商鞅受秦孝公知遇之恩，在秦孝公临终之时，岂敢越君臣之大防？而且，夺太子的王位名不正则言不顺，言不顺则事岂能成？因而，他审时度势，作出了"辞不受"的决定。而秦孝公患病的消息却令一些顽固派们蠢蠢欲动，随着秦孝公患病的消息在宫廷内外的传播，种种攻击推翻商鞅的阴谋也在暗中紧锣密鼓地进行着。一些郁郁不得志的士人也预感到秦国政局的变化，在此时也活跃起来。有一天，一个叫赵良的隐士经别人介绍来到商鞅的家中。商鞅一见到赵良，就提出愿与他结为朋友，而赵良却旁敲侧击暗中讽喻，说："我不敢存这样的希望，孔丘说过：'推荐了贤能，受民拥戴的人才肯进取；不贤的人聚在一起，讲王道的人就会隐退。'我是个不贤的人，不敢从命。我还听说：'占有跟自己不相称的名声，就叫做贪位。'我如果接受了您的愿望，恐怕就是贪命、贪位了。所以不敢从命。"商鞅知道赵良在讽喻自己，便问道："您对我治理秦国不满意吗？"赵良说："能反躬自问的人叫做聪，能反省自己叫做明，能战胜自己叫做强。虞舜说过这样一句话：'知道自己不足者为高尚。'您不如照着虞舜的道理去办，无需问我了。"商鞅听到赵良前言孔丘，再言虞舜，知道他是一个儒门学士，想到儒家强调父子之别、男女之防、君位之尊，就改变了话题，便说："秦国本来就有戎狄的风俗，父子兄

弟同室而居。现在我改变了这种风俗，使其父子分居，男女有别。我又为秦的国君大筑宫室，其规模堪与鲁、卫的宫廷相媲美。您看我治理秦国与五羖大夫百里奚相比，哪个的功劳更大？"赵良说："一千张羊皮比不上一狐之腋，一千个唯唯诺诺的人比不上一个正色直言的人。周武王因为有正色直言的人，所以昌盛起来；殷纣王因为使众人不敢说话，所以灭亡了。您如果认为周武王做得对，那么就让我向您讲真话，您不要因为觉得逆耳就杀我的头，可以吗？"商鞅答道："应酬之言是浮华的，至诚直言是实在的。良言苦口是治病之药，蜜语甜言是害人之疾。您如果肯终日向我讲真话，那就是送给我治病之药。我将以您为老师，您又何必推辞呢？"赵良见商鞅态度诚恳，便把心中积蓄已久的对商鞅不满的话一股脑地全说了出来，他说："既然如此，我就把您和五羖大夫做个比较吧。五羖大夫原是个晋国的乡鄙之人，被晋国的国君当做奴隶陪嫁到了秦国，由于他不甘心受到侮辱，就逃到了楚国，被楚国捉住，让他给人放羊，后来秦穆公知道他是个能干又有才华的人，就用五张山羊皮把他给赎了回来，任命他为相，位于百姓之上，秦国人对他没有不满意的。他做秦相六七年，东伐郑国，三次立晋国国君，一次救楚国之难。教化实行于国内，而巴人前来进贡；德政实行于诸侯，而八方的戎狄都来归附。有个晋国人，逃亡到戎，受五羖大夫的感召，就叩门前来投奔。五羖大夫身居相位，虽劳累也不坐着乘车，即使暑天也不用帷幔遮阳；在国内出行，不带随从的车辆，也不拿护卫的武器。他的功名载入史册，德行泽于后世。五羖大夫死时，秦国人不论男女都哀悼流泪，就连小孩子也肃静不再唱歌，连春米的人也不再吆喝出声。这就是五羖大夫的德行呀！可是您呢？初见秦君时，走的是嬖人景监的门路，依靠他的推荐，这就谈不上有名望了；做了秦相，不为百姓着想，反而大兴土木建造宫殿，这就谈不上有功业了。您施刑于太子的师傅，以严刑峻法去镇压百姓，这就是积怨蓄祸。您不懂得，道德教化对百姓的影响比法令更深刻。您现在又实行左道旁门的建制和改革，这可不是教化。您又受封为商君，居然南面称孤道寡，天天用法令来约束秦国的贵公子。"这里赵良认真数落了商鞅的过失：依托嬖人景监晋见秦孝公，败坏自己的"名"；掌权之后，大兴土木

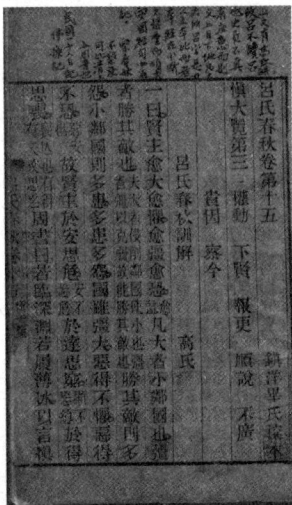

营筑咸阳，败坏自己的"功"；惩罚太子的师傅，用刑罚残伤老百姓，为自己种下怨祸；使百姓重视政令甚过于君命，以政府的法律代替国君的命令，败坏传统的"教"；自己受封于商，却又绳墨秦之贵公子，折损自己的"寿"；既惩罚公子虔，又惩罚祝欢和公孙贾，败坏"人"心。所有这些与五羖大夫百里奚相比，相差是多么的远啊！而且，还有更甚于此的事情，赵良说："君之出也，后车五乘，从车载甲，多力而骄胁者为骖乘，持矛而操阖者旁车而趋。此一物不具，君固不出。《书》曰：'恃德者昌，恃力者亡。'君之危若朝露，尚将欲延年益寿乎？"接下来，赵良向他建议："则何不归十五都，灌园于鄙，劝秦王显岩穴之士，养老存孤，敬父兄，序有功，尊有德，可以少安。君尚将贪商于之富，宠秦国之教，蓄百姓之怨，秦王一旦捐宾客不立朝，秦国之所以收君者，岂其微哉？"这个建议包含两方面的内容：第一方面，劝商鞅退还封地十五城，并且改邪归正，施行德政教化，秦国上下才可以少安；第二方面，是警告商鞅，一旦支持他的秦孝公驾崩，他的下场就岌岌可危，朝不保夕了。赵良这番话，从百里奚讲到商鞅，从商鞅改革讲到改革的现状，从商鞅的过失讲到他的下场，都是入木三分、触目惊心的。近二十年的改革，秦国虽然富国强兵，天下震动，然而，如果自己在国内每次出门都要"后车十数、载甲、持矛"如临大敌的话，又有什么意义呢？

实际上，从赵良的这一番谈话中，我们可以得出这样的结论：商鞅改革近二十年，最大的过失是政令无法在宗室贵族里推行。在这种抓不住大鱼只抓小鱼的情况下，贵族顽固派势力随时都可以反扑上来，置他于死地。商鞅改革的另一个过失就是自己接受了商于十五城的封地。解散封建体制、收回贵族封地，使爵位与封土脱离联系，可以说是商鞅改革的主要内容。当宗室贵族的封地被一一收回的时候，身为改革的发起者商鞅却领有十五城的封土，不但不能以身作则，反而带头破坏自己制定的法律，商法无法凌驾于人治之上，使秦法彻底制度化，这是商法的一大弊端。法令的执行完全建立在秦孝公一人的支持之上，一旦情况有变，商鞅的性命岂不危在旦夕？商鞅难道忘记了，他本来不过是一

中国古代著名文臣

名宾客而已，体内流的依旧是卫国的血，以商鞅的才智，他真的看不出此时的危机吗？然而，"改革斗士"商鞅依旧在坚持着，他为法家的学说坚持着，他为心中的理想坚持着，以一个人的微弱力量去抵挡几乎是整个秦国的重压，这就是商鞅，一个改革斗士的勇气和胆量。

商鞅没有接受赵良的劝谕，将军政大权交出而归隐山林，将法家改革撤回而使秦国的改革半途而废，商鞅在坚持着，一个人在艰难地跋涉着、拼搏着、奋斗着。而此时，一把屠刀已经在高高地举着，将要落到他的头上。就在商鞅与赵良谈话的五个月后，统治秦国二十四年的一代英主秦孝公去世，随后，太子驷继位，是为秦惠文王，也就是二十年前因犯法几乎被商鞅惩罚的那位太子，真可谓是冤家路窄。俗话说：一朝天子一朝臣。新君即位，而且还是商鞅的宿敌，商鞅看到形势不妙，立刻告老退位。就在这个时候，饱受商鞅镇压、惩罚的保守派们立即行动，以公子虔为代表，发起指向商鞅的一系列反攻，他们向秦惠王进言说："大臣太重则国危；左右太亲则身危。今秦，妇人、婴儿皆言商君之法，莫言大王之法，是商君反为主大王更为臣也。且夫商君，因大王之仇也，愿大王图之。"《史记》说："公子虔之徒告商君欲反。"谣言越来越离谱了，秦惠文王是个保守派人物，当然相信自己的多年盟友公子虔的话。于是，一场悲剧开始上演了，这不仅是秦国的悲剧，也是中华民族的悲剧。就在商鞅欲放归之际，惠文王"发吏捕商君"。商鞅无可奈何，只好逃亡出走。来到关卡之下，天已经到了傍晚，想住店，店主人不认识商鞅，就依法办事，说："商君的法律条文里规定，让人投宿而没有验证的，要遭受连坐之罪。"坚决不让他住宿，商鞅这时才认识到秦法的弊端，喟然长叹，曰："嗟乎！为法之弊，一至此哉！"就在走投无路之际，商鞅想逃往魏国，也许魏国还可以收留他，于是，带着他的母亲及所有家属连夜逃跑，奔向魏国。好不容易到了魏国的国境内，没想到邺的守令襄疵拒绝收留，说："以君反公子卬而破魏师也。"此时，商鞅还想逃往别的国家，魏国人说："商鞅，秦之贼，秦强而贼入魏，弗归，不可。"欲将商鞅送回秦国作为魏国讨好秦国新君的见面礼。此时的商鞅只好逃回自己的封地，动员自己封地的家丁，发兵出击郑，在攻打郑的时候，秦国的军队从后面追了上来，打败商鞅的

徒属，商鞅又逃向西南，希望再退回商邑。没想到刚到彤地，就被秦兵活捉，被带回了咸阳，秦惠文王立刻对商鞅处以"车裂"的极刑，即被活活地五马分尸，并且警告其他人说："莫如商鞅反者！"同时灭掉了商鞅的全家。改革斗士商鞅，这位赢秦统一天下的奠基者，就这样牺牲了。

一个为秦开帝业的改革家，最后竟遭到"车裂族夷"的下场，其功其过，其得其失……这些都留于后人评说。而在后人评论商鞅时，又都不可避免地把自己的价值观念和道德观念渗透其中。在商鞅死去近一百年之后，秦昭王相范雎对蔡泽说："夫公孙鞅事孝公，极身毋二，尽公不还私，信赏罚以致治，竭智能，示情愫，蒙怨咎，欺旧交，虏魏公子卬，卒为秦禽将破敌军，攘地千里。"蔡泽回答道："夫商君为孝公平权衡，正度量，调轻重，决裂阡陌，教民耕战，是以兵动而地广，兵休而国富，故秦无敌于天下，立威诸侯，功已成，遂以车裂。"这两段话反映了商鞅的卓越政绩，前者还特别突出了商鞅"极身毋二，尽公不还私"的优秀品质，就连"欺旧交，虏魏公子卬"也给予了充分的肯定，这种评价显然代表了商鞅死后秦国政坛仍然坚持以"富国强兵"为目标，朋友之间的道德评价是不在考虑之内的。蔡泽说商鞅"功已成，遂以车裂"，这是说商鞅之死的原因在于君臣之间的个人恩怨，以及秦惠文王的"过河拆桥、兔死狗烹"。商鞅之后的许多秦国政治家无一不从"兔死狗烹"的角度吸取商鞅之死的教训，以至于在外交和军事行动中常常假公济私来博得或维护个人的荣华富贵，如张仪、魏冉、范雎之徒，这是强秦"数十年而不至于帝王"的原因之一。韩非子在谈到商鞅之死的原因时说："秦行商君法而富强……车裂商君者何也？大臣苦法而细民恶治也。"韩非子认为，"君主用术则大臣不得擅断，近习不敢卖重；官行法则民趋于农耕，而游士危于战阵。"他认为商鞅之死是因为商鞅之法对大臣和细民不利，所以他们诬告商鞅，致使其车裂而死，这当然符合公子虔等人"告商君欲反"的历史事实，但韩非子也掩饰了商鞅之死的更重要的原因，那就是他曾经"法及太子"，与新君有宿怨。《吕氏春秋·无义》在讲到商鞅之死时，较详细地叙述了商鞅诈公子卬，以致后来逃亡到魏国而不被收留的细节，"故士自行不可不审也"，突出讲到了朋友之间的道德评价标准，用"多行不义必自毙"来警戒世人，用信的道德标准来评价商鞅的诈友行为。西汉刘向在评价商鞅之死时说："倍公子卬之旧恩，弃交魏之明信，诈取三军之众"，除批评商鞅的"无信"之外，还特别指责商鞅刑罚的酷烈，认为这是商鞅"所逃莫之隐，所归莫之容，身死车裂，灭族无姓"的一个主要原因，他批评商鞅"去霸王之佐亦远矣"，如果商鞅"施宽平之法，加之以恩，申之以信，庶几霸者之佐哉"。把商鞅之死完全归罪于商鞅作法自毙、罪有应得的，莫过于汉昭帝与桑弘羊辩论贤良文学时的评论："秦怨商鞅之法，甚于私仇。故孝公卒之日，举国而攻之，东西南北莫可奔走……卒车裂族夷，为天下笑。斯人自杀，非人之杀也。"这种极端贬毁商鞅的观点自然是出于儒生仇视法家的偏见，但这种观点在儒家思想占统治地位的中国封建社会的历史中一直占上风，商鞅因此而受千古之骂名。一直到近代，对商鞅的评价才开始有所转变，章炳麟除批评商鞅"毁孝悌败天性""秧之进身与处交游，诚可多议者"之外，对商鞅的其他方面都做了很高的评价，特别为"商鞅之中于毁谤也二千年"打抱不平。梁启超曾主编《中国六大政治家》，其中第二编《商君评传》，对商鞅做了很高的评价，他说："固法学之巨子，而政治家之雄也。"又说："独其关于德义之教，诚不可谓非商君之缺点。"而商鞅之死则由于"权贵之怒睨其旁，新生之积怨其后"，"宁以身殉国，不肯曲法以求容"。对商鞅功过以及商鞅之死的不同评说，反映了中国两千多年来道德标准的历史变迁。如果商鞅地下有灵，听到中国两千多年后近人的评说，大概可以含笑九泉了。

韩非子说："及孝公、商君死，惠文王即位，秦法未败也。"这段话客观地反映了商鞅死后秦国历史的发展。

商鞅"法及太子，黥劓其傅"，原因在于太子和公子虔、公子贾等人公开站在反对改革的反对派一面，公然触犯法律，阻碍新法的执行。在孝公死，太子即位时，秦国已经过商鞅的两次改革，商鞅已为秦国完成了五项大事：第一，改造家庭结构。秦国的家庭有两种形式：一种是备受华夏文化影响的大家庭，到处都有，贵族更是如此，占有大量的奴隶和土地而不向国家纳税，严重影响农业的发展和国家的经济实力。另一种是久受戎狄文化影响的家庭结构形式，即男女同室，无长幼之别，更无家庭男女伦理道德之耻，不但是腐败堕落滋生之地，更是闹事分子寄生之地。商鞅受李悝的"尽地力之教"，尽快解决秦国在当时军粮缺乏的严重现状，不但要挖掘人力，更要挖掘地力，以减小恶劣的自然条件对秦国农业生产的影响，解决天时、地理、劳动力的矛盾，以增加粮食的生产，解决军粮的短缺对秦国军队的影响。因此，商鞅两次颁布分户令，以适应一家一户为单位的封建小农经济的发展，增强国力。第二，构建新的社会网络。为改造社会结构，商鞅建立了军国主义体制，把军队的组织用到家庭里去，施行什五连坐法，使家庭按层次组织起来，每个家庭就如网络上的一个结点，彼此相互联系，没有人可以脱网，牵一发而动全身，一人有罪，街坊邻居全部连坐，在这样的社会结构下，每个家庭没有隐私权，政府把影响渗透到社会的每一个角落，重组了社会意识和社会文化。第三，重建价值观。商鞅不但设立奖罚制度，而且尽量细化，积极奖励耕战，男耕女织而能多产者，可以免除劳役，战场上杀敌，其奖赏更多，而且是显荣之所在，其他工商、游谈，都是末业，官府有权收为官奴，也是徭役、劳役的主要承担者。重农抑商的政策已渗透到中华民族的血液里。第四，大一统观念的建立。统一标准是法家思

想的重要观念之一，无论立法、司法，都要求公开、透明，要求标准统一。在此观念下，商鞅统一了度量衡、货币和文字，一统观念自商鞅建立以来，影响深远，秦国后来的许多政令及措施都受此影响。第五，改革政权体制。商鞅是春秋战国历史上第一个有意识地全面推翻封建政制的伟大人物，在他的改革下，秦国的封建体制迅速瓦解，取而代之的是一种全新的郡县制度，将官吏的任免权全部收归中央，行政大权操纵在国君一人的手中，是一个绝对统一的国家，也是一个权力完全集中的国家。这些改革措施的实行使秦国的政治、经济、文化等方面发生了巨大的变化，取得了巨大的社会成效。可见，新法已惠及社会、深入人心，历史的潮流已不可逆转。此时，秦惠文王、公子虔、公子贾等人将商鞅"车裂族夷"，已经不是出于政治上的偏见，而是当权者的泄私愤式的野蛮报复。

商鞅死后，秦国的惠文王、武王、昭王、孝文王、庄襄王、秦王嬴政等六世之君继续以"富国强兵"为宗旨，招贤纳能，奖励耕战，推行郡县制，完善各项法律，完成了统一中国的大业。

在招纳贤能方面，秦国相继任用了张仪、公孙衍、司马错、白起、范雎、蔡泽、李斯、尉缭、王翦、蒙恬、蒙毅等文臣武将，形成了由"客卿"升任丞相、将军的制度，确立了秦国布衣将相的格局，从而排斥了贵族势力，强化了君主集权，为秦国的政治经济的发展和外交军事的胜利奠定了坚实的基础。

在奖励耕战方面，秦国除继续实行商鞅在世时实行的一系列措施外，还以"力气田宅而复之三世"（即给予好的田地、房屋并免除三代租役）的优惠政策招纳三晋之民到秦国开荒种地，并且先后修建了都江堰和郑国渠，使成都平原和关中平原得灌溉之利，成为旱涝保收的千里沃野。在商鞅建立的编户什伍制度的基础上，秦国实行普遍征兵制度，组成一百余万的常备军，凡15岁以上的男子都是国家的后备兵源，使秦国成为"虎狼之国"，从而造成对山东各国的威慑而相继割地求和。

在推行郡县制方面，自惠文王于公元前304年设置上郡之后，秦国把新兼并的地区都纳入了郡县体制，直至秦始皇统一六国，设置三十六郡，在全国形成了由中央到地方的郡县三级体制，从而建立统一的封建君主集权的政

治体制，促进了中华民族的团结和发展。

在完善各项法律制度方面，据《晋书·刑法志》和《唐律疏议·序》记载，商鞅曾以李悝的《法经》为基础，改"法"为"律"，先后制定了《盗律》《贼律》《囚律》《捕律》《杂律》《具律》六种法律为《秦律》。以后，秦国不断制定新的法律，充实完善《秦律》，在 1976 年湖北省云梦县睡虎地秦墓出土的《秦律》竹简中，就有包括《田律》《厩苑律》《金布律》《关市律》《仓律》《工律》《徭律》《军爵律》《置吏律》等十八种共计一百二十五条，这些充分体现了秦国自商鞅变法以来的"以法为教""以吏为师"的法家治国思想。

从商鞅车裂而死，到秦始皇统一中国，其间共经历了一百一十七年，在商鞅死后第五年，苏秦在游说楚威王合纵时说："夫秦，虎狼之国也，有吞天下之心。秦，天下之仇也。"公元前 318 年，魏、赵、韩、楚、燕"五国伐秦"，这说明秦在当时已经成为山东各国只有联合起来才能与之抗衡的头号强国。公元前 310 年，张仪在游说楚怀王连横时说："秦地半天下，兵敌四国……虎贲之士百余万，车千乘，骑万匹，粟如丘山，法令既明，士卒安难乐死……天下后服者先亡。且夫为纵者，无异于驱群羊而攻猛虎也。夫虎之于羊，不格自明矣。"他在同年游说韩襄王时说："秦带甲百余万，车千乘，骑万匹……山东之卒，被甲冒胄以会战，秦人捐甲徒裎以趋敌，左挈人头，又挟生掳。夫秦卒之于山东之卒也，犹孟贲之于怯夫也；以重力相压，犹乌获之于婴儿也。夫战，孟贲、乌获之士，以攻不服之弱国，无异于坠千斤之重，集于鸟卵之上，必无幸矣。"这些都说明商鞅变法确实起到了富国强兵的效果，为秦统一六国奠定了基础。

在秦惠文王在位的二十七年间，秦先后取得上郡、巴蜀、汉中之地。在秦昭王在位的五十六年间，秦将白起屡立战功，公元前 294 年，大胜韩魏联军于今河南洛阳东南龙门，斩首二十四万；次年攻陷楚国的都城郢；公元前 273 年，大胜韩魏联军于华阳，斩首十五万；公元前 260 年，大胜赵军于长平，坑降卒四十万；公元前 256 年，秦灭西周，从此周天子的名号不复存在，秦先后攻取并设置了河东、陇西、南郡、黔中、南阳、北地等郡。秦孝文王死后，子庄襄

中国古代著名文臣

王继位，在位三年，先后攻取韩、赵、魏，建置三川、上党、太原等郡。公元前246年，秦王嬴政即位，四年后攻魏，建置东郡。公元前237年，秦王嬴政罢相国吕不韦，亲临朝政，三年后，攻赵建置雁门郡和云中郡。公元前230年至公元前221年，秦先后灭韩、赵、燕、魏、楚、齐，终于完成了统一中国的千秋伟业，"海内为郡县，法令有一统"，秦王嬴政号称"始皇帝"。汉代的桑弘羊说："秦任商鞅，国以富强，其后卒并六国，而成帝业。"王从说："商鞅相孝公，为秦开帝业。"虽然商鞅被车裂而死，但秦"六世而并诸侯"的伟业是建立在商鞅变法的基础之上的，商鞅的功业将不朽于世。

商鞅变法不仅为秦国开创帝业创造了坚实的基础，而且以《商君书》为代表集中体现了他的思想，也集中体现了战国时期法家思想的典型特点。以商鞅为代表的法家思想对中国历史的发展也产生了重要的影响。《商君书》作为先秦众多文化典籍中的一部"子书"，其蕴含的政治、经济、文化哲学等方面的思想也是中华民族思想史上的一笔宝贵财富。主要表现在以下几个方面：

第一，不言天道与鬼神。在我国历史上，儒家讲"以神道设教"，墨家讲"尊天事鬼"，道家讲"人法地，地法天，天法自然"，他们都要从神、鬼、天、道那里找到理论支柱，以推行他们的社会主张。他们在道德上、伦理上、修身养性上、谋取群众的利益上以及哲学理论上是强者，但在政治的实际施行上却是弱者。商鞅从哲学的强者那里吸取了力量，扫荡了鬼神，斩断了天道鬼神与政治、社会改革的联系，从而根据历史进化论的观点，来大胆创新，勇于改革，以大无畏的精神与一切顽固守旧势力作坚决的斗争，来推动中国历史的发展，这集中表现在商鞅与顽固派的辩论与斗争上。商鞅变法最先遇到的是反对者提出的"圣人不易民而教，知者不变法而治"，商鞅以历史进化论的观点驳斥说，这是"常人安于固习，学者溺于所闻"的世俗之言，他指出："三代不同礼而王，五霸不同法而霸。故智者做法，而愚者制焉，贤者更礼，而不肖者拘焉。"保守派又以"法古无过，循礼无邪"相诘难，商鞅针锋相对地反驳："前世不同教，何古之法？帝王不相复，何礼之循？伏羲、神农教而不诛，黄帝、尧、舜诛而不

怒，及至文、武各，当时而立法，因事而制礼。礼法以时而定，制令各顺其宜。治世不一道，便国不必法古。汤武之王也，不循古而兴；殷夏之亡也，不易礼而亡。然则反古者未必可非，循礼者未足多是也。"商鞅从历史的发展进化中确立变法的原则和理论依据，"当时而立法，因事而制礼"，"治世不一道，便国不必法古"，如果真要以史为鉴，那么只有根据当今的形势而变法图强。从历史的进化中得出由平等到尚贤，由尚贤到尊官，由无法、无官、无君到有法、有官、有君的历史进程，得出了尚力、重刑、任法变法依据。商鞅学派主张严明刑罚，以"刑治"而不以"义教"，"不贵义而贵法"，这是针对人的衣食保暖的自然本性而采取的措施，自然人性论是法家坚持法制路线的哲学基础。人民的本性是"有欲有恶"，如果君主将刑罚用于许多方面以抑制、禁止人民的各种欲望，而利赏只出于农战一途，那么人就会做事专一，去从事他们所憎恶的农战，那么全国的力量就会集中到农战上，国家就可以富强。法律万能论的突出，商鞅学派把追名逐利、好逸恶劳、贪生怕死作为人的自然本性，因此他认为：人民战胜了法律，则国乱；法律战胜了人民，则兵强。治国抛弃了法律，那就好比希望不受冻而抛弃了衣服，好比希望不挨饿而抛弃了粮食，希望到东方却走向了西方一样。法令"要制定名分"，如果"名分未定"，就连尧、舜、禹、汤都会曲而犯奸，去追逐名利，如果名分已定，那么骗子也会变得正直诚信，穷苦的盗贼也不敢妄取。这基本上是法律万能论，不仅认为法令可以禁止人民为奸，而且认为法令可以成就人的道德。我们知道，法律并非是万能的，社会除法律之外还需要道德的约束，只有礼、法并用，才能促进社会的和谐发展。

第二，君主集权主义与民本思想。商鞅认为："国之所以治者三：一曰法，二曰信，三曰权。法者，君臣之所共操也；信者君臣之所共立也；权者，君之所独制也。"显然，在这三个要素之中，君主独占其一，而另外两个能否得到执行，其关键在于国君一人。"权者，君之所独制也"，这是商鞅施行变法、建立新的政治体制的一个基本原则。在提出君主独占权力的同时，又提出了君主"不以私害法"，指出君主不能私自占有天下人的利益，而是为了天下人而君临治理天下，即天下非君主一人之天下，而是所有人的天下。甚至还提出君主可以论贤举能而实行禅让，这是君主集权与民本思想相结合的一个典型论述，这种思想一直贯穿于中国封建社会发展的整个历史进程中，直到清代的宫廷即现在的故宫里还有这样一副对联："惟以一人治天下，岂将天下奉一人！"

第三，商鞅的经济思想。农为强国之本，商鞅根据当时征战不息的形式以及秦国的地理条件，实事求是、因地制宜地提出"富国强兵"的思想，他的变法措施基本上都是围绕"农战"而展开。农是战的基础，所以农是强国之本，商鞅学派的重农思想与战国时期的诸侯兼并的战争形势有密切的关系，国不兴农则贫，贫则无力，无力则兵弱，兵弱则地削。反之，国兴农则富，富则多力，多力则强兵辟土、成就王业。因此，君主的治国的关键是"令民归心于农"，以及诱使、逼迫尽可能多的人去从事农业，人民专心务农，就会朴实而容易治理，忠厚而容易役使，诚信而可以守土、攻战。这就是中国封建统治者所实行的愚农、役农的思想根源。商鞅学派主张"作壹"，"作壹"的根本目的是"壹之农"，即使农民专一于农战，兴农才可以强兵。"壹之农"必须抑制"浮学事淫之民"，在商鞅学派看来，农战之外的学问是"浮学"，农战之外的工商业是"淫业"。如果崇尚言谈游说，不压抑工商业，人民就会选择"浮学""淫业"这样既轻松又有利的谋生之路，从而逃避农业，这就是贫国弱兵之教，要富国强兵，就必须贬斥言谈游说，压抑工商业的发展，这是我国两千多年来封建社会所采取的"重农抑商"政策的根本由来。

第四，商鞅的"富国之术"最终要落实到强兵上。兴农的目的是为了富国，富国的目的是为了强兵，农是战的基础，战是农的目标。在经济上，商鞅学派是重农主义，在政治上，商鞅学派是军国主义。商鞅学派指出："民之外事莫难于战，民之内事莫苦于农。故为国者，边利尽归于兵，市利尽归于农。边利尽归于兵者强，市利尽归于农者富。故出战而强，入修而富者王也。"即对内兴农以致富，对外用兵以致强，内富外强则成帝王之业。但同时指出："国强而不战，毒输于内，礼乐虱官生，必削；国遂战，毒输于外，国无礼乐虱官，必强。"这实际上是在秦国经过商鞅变法获得经济上富强以后，大力鼓吹对外战争的一种军国主义的观点，这实际上是一条敌视人民、敌视文官政治的军

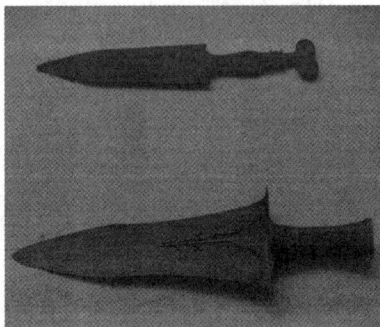

国主义路线。商鞅学派通过"壹赏、壹教和严酷的军法惩治、家属连坐，使人民都成为凶残的、狂热的好战分子，使秦成为虎狼之国，这与战国后期诸侯国之间越来越多的战争形势有关。商鞅作为一名军事家，首先强调的是用兵必先"立本"："凡用兵，胜有三等：一是建立法度，二是在此法度下养成重视农战的风俗，三是储备战略物资。"商鞅善于在军事上利用矛盾，谨慎地观察战局，知己知彼，捕捉我强敌弱的有利战机。他说："王者之兵，胜而不骄，败而不怨。胜而不骄者，术明也；败而不怨者，知有所失也。"主张用兵要胜不骄败不馁，善于运用高明的战术战胜敌人，也要善于总结失败的教训以利再战。同时主张追兵有节，以免误中敌人的埋伏，反对孤军深入，主张有礼有节，有劳有逸的用兵之道。随着战国时期修筑城墙作为防御工事的技术的提高，攻城、守城也成为一门军事战术，在这方面，商鞅也表现出独到见解，他认为：围攻敌城时，掌管工事的国司空要测算敌城的厚度，指挥军队的国尉要划定各队士兵攻打的地段，并限期攻克；穿透敌城后，就塞以杂柴焚烧。敢死队的战士，每队十八人，其后有中军士卒跟随，敢死队的组成，全用自愿申请的人，如果人数不够，就用希望晋级的军官补充。指挥官和监军在筑起的高台上瞭望，以先攻入敌城者为首功。守城时，要依靠城内人民誓死保卫家园的心理，在城没有被攻破时，要依靠人民的"死力"同敌兵作战，如果城被攻破时，则敌疲我逸，就以人民的"逸力"，同疲惫的敌兵进行作战。守城的军队要组成三军，壮男为一军，壮女为一军，男女之老弱者为一军。壮男之军要严阵以拒敌，壮女之军要修筑工事，设置陷阱，坚壁清野。老弱之军要看管牧畜，收集粮草，供给军需。要严格规定三军不得相互往来，以免男人怜惜女人，壮者怜惜弱者，致使斗志涣散。这是一种人民战争的思想。商鞅的这些军事思想被后来的无数军事家所运用、发挥。

第五，商鞅的文化思想。商鞅学派在意识形态领域主张"壹教"，即壹之于"农战"，凡与此无关的或相抵触的，皆在排斥打击之列。为保持农民的愚朴心态，不要让"声服""学问""博闻""辩慧"等扰乱人民的思想，他把《诗》《书》谈说之士、处士（有道家倾向的隐士）、勇士（游侠）、技艺之士和商贾之士称之为"国害"，在思想文化的"国害"中，儒家的经典和道德伦理占有重要的地位，并且兼及道家、墨家、名家等学派的思想。这反映了商鞅学派的法家思想中"唯我独尊"的意识，体现了商鞅的文化专制主义的思想特色。在商鞅变法期间，就有"燔诗书而明法令"的措施，这也为秦始皇实行"焚书坑儒"的政策埋下了伏笔。"焚书坑儒""统一度量衡"，这些在秦始皇时代发生的事件，我们都可以在商鞅的文化政策中找到思想端倪，这是商鞅变法后秦国实行的高度中央集权主义和单一的思想意识形态所产生的结果，这也是商鞅改革和商鞅学派的重大缺陷。

斯人已逝，留于后人评说。总之，以商鞅为首的商鞅学派是春秋战国时期特殊历史环境的产物。在经历了"礼崩乐坏"旧制度崩溃、新制度萌生的特殊时刻，"诸侯力政，争相并"的战国形势迫使诸侯各国实行变法、改革，只有这样，才能在兼并战争中取胜。先改革者先受益，改革彻底者受益最多而且最终取得胜利。魏国、晋国、楚国等都先后实行了改革，但可惜的是，由于本国的贵族落后势力过于强盛，使改革半途而废，最终没有达到"富国强兵"的目标。商鞅充分吸取了魏国改革的经验，在秦孝公的大力支持下，先后进行了两次变法改革，其改革的深度和广度是其他各国所不能比拟的。商鞅变法的成功，一方面是有国君的鼎力支持；另一方面是因为秦国当时相对比较落后，腐朽贵族势力相对较弱小，改革遇到的阻力小。所以说，是历史选择了法家，法家选择了商鞅，商鞅选择了秦国，秦国选择了历史。商鞅变法的成功顺应了历史潮流，在秦国建立了一套新的政治制度和经济制度，建立了君主集权和军国主义的统治，适应了秦国的形势和我国春秋战国时期战乱形势的需要，从而收到了"富国强兵"的立竿见影的效果。后商鞅虽遭到顽固势力的诽谤陷害，终至"车裂族夷"的悲惨下场，但秦法未败，秦孝公之后的六世国君继续实行商鞅变法时所指定的制度，成就了统一中国的帝业，秦王朝随二世而亡，但"秦法""秦制""秦政"的基本内容仍被中国历代王朝所继承。就如谭嗣同所说："二千年来之政，秦政也。"

从制度上看，商鞅是历史上成大功的好汉，但是，从文化建设上说，商鞅及其商鞅学派却有重大的缺陷，他们看到了历史发展的阶段性，却忽视了文化沿革的继承性；他们抓住了富国强兵的关键——"农战"，却以狭隘的使用标准排斥一切"不可以强兵辟土"的文化；他们看到了新制度与旧文化的对立，却没有实行对旧文化的改造和新文化的建设；他们实现了武力兼并六国的目标，却没有为统一帝国的长治久安作必要的准备。商鞅学派提出了"任其力不任其德""不贵义而贵法"的主张，这在战争环境中固然有其一定的历史合理性，但完全把"力与德""法与义"绝对对立起来，完全取消或取代道德的社会作用，没有在新的制度下继承旧道德的合理部分，建立新的道德规范，这不能不是其一大缺憾。后代的封建统治者吸取秦国迅速灭亡的教训,实行了外儒而内法、道德教化与法制合流的人治社会，成为中国两千多年来封建社会政治生活中一道独特亮丽的风景线。

今天的我们，不仅要继承商鞅及法家的"法律面前，人人平等"的依法治国的"法制"精神，更应该继承改革斗士商鞅的不怕困难、勇于改革创新的积极进取精神。因为，在任何时候、任何社会，"与时俱进、改革创新"都是一个国家、一个民族存在与发展的根本所在。

独裁良相——张居正

　　张居正（1525-1582 年），字叔大，号太岳，江陵（今湖北沙市）人。嘉靖二十六年（1547 年）进士，隆庆元年（1567 年）入阁，隆庆六年（1572 年）出任内阁首辅（相当于丞相）。为缓和当时日益尖锐的社会矛盾，挽救明朝的危机，他从军事、政治、经济诸方面进行了一系列的改革。此外，他还采取"得盗即斩"等强硬手段，严厉镇压当时全国范围内此起彼伏的农民起义。

111

一、天降少年俊杰

(一) 天降奇才

嘉靖四年（1525年）五月初三，江陵一户普通的农家院热闹异常，一个男孩在家人的期待与梦想中呱呱坠地。这个孩子就是明中叶著名的政治家、改革家、一代首辅张居正。

中国古人多笃信梦兆，他们相信，大人物的出生是上苍的旨意，必有异常的征兆，张居正的出生亦不例外。据说张居正的母亲赵氏，一天夜里忽然看见室内火光阵阵，随后一个约五六岁的青衣童子，自天上冉冉而下，来到屋中绕床而转，赵氏便怀有身孕了。这个故事大概是赵夫人在儿子显贵以后编出来的，不过张居正的祖父和曾祖父的梦境倒是有根据，真实可信。据张居正的长子张敬修说，就在张居正出生的前夜，张镇（张居正祖父）梦到遍地是水，弥漫屋室。张镇惊慌至极，急问家仆，水是从哪里来的，仆人回答说，水是从张少保（张家先祖）的地里流出来的。同夜，张诚（张居正曾祖）梦到月亮坠落瓮中，满瓮发亮，随后一只白龟浮在水面。张居正出生后，张诚以白龟应月精之瑞，给曾孙取名白圭，与白龟谐音，表达了对这个孙儿的厚望。

(二) 初出茅庐

张居正的先世是安徽凤阳人，是朱元璋部下的士兵，曾跟随大将军徐达南征北战，立功浙江、福建、广东，授归州长宁所世袭千户。其后，张居正的曾祖张诚由归州迁往江陵。张居正的祖父张镇为江陵辽王府护卫。张居正的父亲张文明为府学生，曾经屡次参加乡试，均落第。从此饮酒谈谑，放荡不羁，无意于科举致仕。

俗话说"三岁看大，七岁看老"，而张居正2岁时便显出与众不同。他从小聪颖异常，颇受人们喜爱。据说，张居正2岁的时候，有一天他的同堂叔父龙湫正在读《孟子》，张居正刚好在旁边，龙湫便跟他开玩笑，说人们都说你聪明，能认识"王曰"二字才算聪明。过了几天，龙湫读书的时候，家人又带来了张居正，龙湫把他抱在膝上，翻开书要他找出"王曰"二字，张居正竟然认识，因此得了个神童的美名。张居正5岁即入学读《论语》《孟子》，10岁通六经大义，在荆州府小有名气。

中国封建社会入仕登第的科举考试，从隋炀帝创设以来，经前后约七百年的经验积累，到明代更加完备，已形成了教育、科举、做官一系列的体系。所有想科举入仕的人都必须就读于中央的学校国子监或各州、府、县的地方学校，各类学校均有参试的定额。考试分为童试、乡试、会试、殿试四级。各级考试均有名额。每考上一级方可获得更高一级的参考资格。府、州、县学的学生称为生员，未取得生员资格的知识分子，不论年龄大小皆称为童生，童生须经过童试（包括县试、府试和院试），方取得生员资格。童试考取者即为秀才。而在院试中名列一、二、三等者即取得乡试资格。乡试每三年举行一次，逢子、卯、午、酉年在各省省城举行，及格者为举人。乡试次年，各省举子会聚京师应进士之试，此即会试，考察应考者对国政时务的见解，会试通过的称为"贡士"。贡士再参加殿试，然后按成绩分为三甲：一甲取三名，赐"进士及第"，第一名为状元，第二名称榜眼，第三名叫探花；二甲一般为二十名左右，赐"进士出身"，其中第一名称传胪；其余若干名为三甲，赐"同进士出身"，其第一名也称传胪。一甲三人立即授予六七品官职，二甲、三甲者须参加翰林院考试，考中者称"庶吉士"，留院学习三年，学习优秀者留院任编修、检讨等职，其余出任中央及地方的官员。

12岁那年，张居正到荆州府投考。据说主考官荆州知府李士翱前一天做了个梦，梦见玉皇大帝给他一个玉印，吩咐他转交给一个孩子。第二天荆州府点名的时候，第一个见到的就是张白圭。李士翱仔细一看，正是梦中所见之人，因此替他改名张

居正，还说了许多要他自爱的话。荆州府考过之后，正赶上湖广学政田顼大人到来。李士翱便在田顼面前极力称许张居正。田顼爱才，立即召张居正前来面试，出的题目是《南郡奇童赋》，张居正才思敏捷，看完题目后，不假思索一蹴而就。田顼惊异地对李士翱说："你认为这个孩子和贾谊比起来怎么样？"李士翱说："贾谊赶不上他。"贾谊是西汉著名的政论家、文学家。18岁就有博学能文之誉，20岁时被任为"博士"。不仅深受当朝文帝赏识，也颇为后世文人推重。田顼既然将居正比作贾谊，其器重之情可见一斑。当时，田顼刚好得到一部唐北海太守李邕《南岳碑》的摹本，尚未读完，即赠与张居正。

这一次考试，张居正旗开得胜，中了秀才又入了官学。这样，通往仕途的大门，已经向这位意气风发的翩翩少年缓缓开启了。

在张居正考中秀才的第二年，正逢三年一次的乡试在武昌举行。踌躇满志的张居正不愿错过这个早日中举的机会，毅然决然地前去应试。以张居正的学识和才华，中举应该是没有问题的，但是，他这一次偏偏遇上了对人才培养有自己独到见解的湖广巡抚顾璘。

顾璘是应天府（今南京）上元县人，为当时文坛闻名遐迩的才子，他与同乡陈沂、王韦并称为金陵三俊。顾璘认为，早熟的天才少年，如果成长道路过于顺利，就可能变得轻狂、浮躁与傲慢，这反而有碍以后的发展，甚至会因此断送前程。顾璘来到武昌后，对张居正有所耳闻，出于对张居正的爱护，他特地对监试的冯御史交代道："张居正是个天才少年，早些发达没有什么不好，但他毕竟只有13岁。如果让他再迟几年中举，恐怕会更加前程无量的。"这次张居正虽因深受湖广按察陈束的欣赏而被力荐录取，但由于顾璘的作用，张居正落第了。

人生第一次挫折，使这个13岁的孩子倍感苦涩，他开始朦朦胧胧地感觉到，世间的事情并非总能如想象那般容易、顺畅，即使才华出众、少享高名。他多少有些沮丧，但家人的殷切期望，地方官员的器重爱惜，使他不能气馁，况且读书人只有通过科举，由举人而进士，才能步入仕途，施展才干，实现抱负。"凤毛丛劲节，直上尽头竿"，这一年的诗作大致能表达出少年张居正的鸿鹄之志。

三年之后，张居正再应乡试，一举中第。16岁的举人，毕竟还是少年得志，恰巧这时顾璘在安陆（今湖北云梦县）督建皇帝陵园，张居正便前去拜谒。顾璘对张居正说："古人都说大器晚成，这是指中材而言，你不是中材，我竟耽误了你三年，真心地希望你立志做伊尹、颜回，千万不要以少年秀才自负！"临别时还将自己所束的犀带赠与张居正。这件事给张居正留下了极深的印象，后来他在给同僚的信中曾提到，每当忆及此事，都感激不已。对张居正颇有研究的朱东润先生说："如果张居正早三年中举，也许在湖广添了一个像唐寅那样的人物，而一生的事业便会在诗酒风流中消逝了。"这说明顾璘既善识才又善育才。而对于起自寒门的张居正来说，这种特别方式的器重与鼓励，无异于快马加鞭。

嘉靖二十三年（1544年），张居正入京会试，失败而归。这一次落第，证实了顾璘的看法是对的。少年名士难免自傲，影响进步。张居正后来对儿子张懋讲到此次失败的原因时，也说是由于少年登科，唾手可得，便恃才傲物，飘飘然所致。所以他对顾璘终身感激。嘉靖二十六年（1547年），23岁的张居正再次入京会试，会试通过后又经殿试，结果中二甲进士，选为庶吉士。

在明代自朱元璋之后，已是非进士不入翰林，非翰林不入内阁。南北礼部尚书、侍郎及吏部右侍郎等要官亦非翰林不任。张居正为庶吉士即入翰林，从此，开始了他参政掌权、坎坷而又辉煌的政坛之路。

二、初出茅庐的政坛新秀

（一）政治生活的开始

嘉靖二十六年（1547 年）的时候，居正为庶吉士。这时政治的大权，都掌握在世宗手里。世宗是一个"英明"的君主，16 岁的时候，他只是兴王，武宗死了，遗诏召他嗣位。他自安陆兴王府入京。到了城外，礼部尚书请用皇太子即位礼，世宗立即拒绝，坚持着遗诏只是嗣皇帝，不是嗣皇子。16 岁的青年，这样的坚决，确实是一个英主的举动。然而在嘉靖二十六年，世宗已经老了。虽然他那时只有 41 岁，但是皇帝的年龄，和一般人不同。崇高的位置使他对生活失去了上进的追求，于是他开始感到厌倦，再由厌倦感觉到衰迈了。从嘉靖十八年起，世宗已经不视朝；嘉靖二十年以后，便一直在西苑万寿宫，连宫内都不去。嘉靖二年起，世宗在宫中开始修醮，至此更是每天在修醮之中度过了。当时还有前朝、后朝的分别，前朝百官的奏章，是给世宗看的；后朝便是道士的奏章，也是给世宗看的，但是后朝的世宗，只是道士的领袖。这样的世宗，仍然把持着政治大权，一步也不会放松。嘉靖二十六年以后，世宗杀夏言、曾铣、丁汝夔、杨选、杨守谦，乃至杀杨继盛、严世蕃，都是同一心理作用。明代自成祖以来，政治的枢纽全在内阁。其阁员出自皇帝任命的大学士，一般在四五人到七八人。整个内阁表面上只是皇帝的秘书厅，内阁大学士是皇帝的秘书，而内阁首辅不过是秘书厅主任，但皇帝的一切诏谕，都由首辅一人拟稿。在首辅执笔的时候，其余的人只能束手旁观，没有斟酌的余地，即使有代为执笔的时候，也难免再经过首辅的删定。首辅的产生，常常是论资格，所以往往身任首辅数年，忽然来了一个资格较深

的大学士，便只能退任次辅。首辅、次辅职权的分限，一切没有明文规定，只有习惯，因此首辅和其余的阁员，时常会有不断的斗争，常常潜伏着污蔑、诋毁，甚至杀机。这样的政治斗争，永远充满血腥。

嘉靖二十六年（1547年），内阁大学士只有夏言、严嵩二人，严嵩与夏言为了争夺首辅职务，发生了尖锐的斗争。夏言是个有抱负的首辅，他上任后，任用曾铣总督陕西三边军务。其实，俺答盘踞河套，经常南下犯边，杀掠人口，抢夺财物。曾铣是个头脑清醒的边帅，他屡败俺答，建议整顿军备，发兵收复河套，并提出了作战方略，得到首辅夏言的支持。明世宗对于收复河套计划也是赞同的。但世宗是个昏庸、专横、出尔反尔的君主。在夏言、曾铣收复河套之时，恰好宫中失火，皇后去世。世宗崇奉道教，认为这是不祥之兆。严嵩乘虚而入，立即迎合世宗的旨意，把宫中发生的灾异归咎于"曾铣开边启衅，误国大计所致"。昏庸的世宗，信以为真。于是对收复河套态度来了一个一百八十度大转弯。嘉靖二十七年（1548年）正月，下令逮捕曾铣，罢去夏言首辅的职务。政府中凡支持议复河套的官员，或是贬谪，或是夺俸，或是廷杖。同月，俺答蹈冰逾河入套，将谋犯延、宁，声势嚣张。严嵩又抓住这一机会，给世宗以新的刺激，他对世宗说："俺答合众入套，皆曾铣开边启衅所致。"兵部侍郎万郎万镇又来了个火上浇油，说曾铣犯了"罔上贪功"之罪，甘肃总兵仇鸾诬陷曾铣掩败不奏、克扣军饷。世宗遂处曾铣以死刑。曾铣被害后夏言便成了严嵩攻击的重点。同年五月，俺答寇偏头关，八月，犯大同，九月，入宣府塞，深入永宁、怀来等地，京师告急。这时严嵩又向世宗进谗言说，俺答入犯，完全是夏言支持曾铣收复河套引来的祸患，还说，夏言通过其岳父苏纲与曾铣的同乡关系，受曾铣贿赂很多。十月，夏言也被杀害，严嵩成为内阁首辅。

作为一名新科进士，张居正虽然没有权利和资格左右政局，但他清楚地看到了明朝政治的腐败和边防的废弛。因此，他于嘉靖二十八年（1549年）上《论时政疏》，这是

张居正在他嘉靖朝政治生涯中唯一一次上疏。在这份奏疏中，他痛切地指出了朝廷所存在的各种弊病，比较系统地阐述了他的改革主张："臣伏睹祖训，观国朝之所以待宗室者，亲礼甚隆，而防范甚密。乃今一二宗藩，不思师法祖训，制节谨度，以承天休，而舍侯王之尊，竞求真人之号，招集方术逋逃之人，惑民耳目。"张居正的《论时政疏》虽未引起世宗和严嵩的任何重视，但疏中所陈述的内容成了张居正以后改革变法的理论基础和行动方向。

嘉靖二十九年（1550年），俺答汗率兵攻破大同、宣化，长驱直入北京城下。宣大总兵仇鸾是个草包，他的总兵官职是用重贿向严嵩买来的。面对俺答的进攻，他仓皇无策，只好故技重演，用重贿来收买俺答，乞求俺答不要进攻自己的防区。俺答接受重礼后，引兵东去，攻古北口，陷蓟州，直逼通州，京师告急。世宗遂下诏勤王。宣大总兵仇鸾在以重金贿求俺答不攻大同后，他知道俺答会深入内地，危及京师。为了乘机邀功并博得世宗欢心，主动上疏请求入援。世宗欣赏仇鸾"忠勇"，命他为平虏大将军，节制诸路勤王兵马。各路勤王军都是轻骑星夜而至，未带粮食。世宗下令犒赏。但户部拿不出钱粮，世宗愤怒之下，罢了户部尚书李士翱的官，下令他戴罪立功。

俺答兵直逼北京城下，大掠村落居民，焚烧房舍，大火冲天。各路援兵怯懦不敢出战，只是坐观俺答烧杀抢掠。仇鸾的大同兵甚至趁火打劫，比俺答还凶狠。兵部尚书丁汝夔惶急无策，问计于严嵩。严嵩说："在边塞打了败仗还可瞒住皇上，在京郊就难以隐瞒了。俺答掠饱了就会自己离去。"丁汝夔听信严嵩的话，传令诸将，不许轻易出战。兵部郎中王尚学屡次劝丁汝夔出战，丁汝夔不敢违背严嵩的旨意，一味等待。俺答掳掠一番之后，引兵西去。平虏大将军仇鸾杀了数十个百姓，冒功请赏。世宗加封仇鸾为太保，并赐金币。嘉靖二十九年（1550年）按中国干支纪年，是庚戌年，历史上称这次事件为"庚戌之变"。后来，东窗事发，世宗感到庚戌之变是一次奇耻大辱，为了泄愤，下令逮捕丁汝夔。丁汝夔求救于严嵩，严嵩肯定地说："我在，你绝不会死。"但不久丁汝夔却被杀害了。

（二）休假三年

庚戌之变时，张居正正在北京，他目睹政治的黑暗和严嵩的误国卖友等行为，深感权奸当国，自己的政治抱负难以实现，于是在嘉靖三十三年（1554年），借口请假养病，离开京师回到故乡江陵。

当时宗藩乱政，自然给宗藩以限制；大地主兼并土地，贫民失业，自然给大地主以制裁；机巧变诈的人多，一切都在张居正的眼里，但是他只是一个在野的人，尽管有加以制裁的决心，但没有加以制裁的权势。

休假期间，张居正还深入实际，调查研究，对社会生活的各个方面都有了更多的了解，对时弊的认识更加深刻，改革的决心也更加坚定。嘉靖三十六年（1557年），张居正告别父老乡亲，再次毅然投入到政治旋涡。临行前，他写了一首《割股行》以表明他重入政坛实现自己宏愿的坚定信心。"割股割股，儿心何急！……吁嗟残形，似非中道，苦心烈行亦足怜。我愿移此心，事君如事亲，临危忧困不爱死，忠孝万古多芳声。"

（三）内阁之争

张居正回到北京就任后，仍任正七品的翰林院编修。当时表面上形势仍然没有发生任何变化，实际上，内阁中严嵩与徐阶的矛盾日趋激烈与公开化。嘉靖三十八年（1559年），徐阶升为吏部尚书，次年又由少傅晋升为太子太师，张居正亦由翰林院编修升为右春坊右中允兼国子监司业，当时的国子监祭酒为高拱。徐阶、高拱、张居正逐渐成为嘉靖末年三个主要人物。为了共同的利益，徐阶、高拱和张居正逐渐形成一股势力共同对付严氏父子。嘉靖四十一年（1562年），横行一世的严氏势力终于垮台，徐阶出任内阁首辅。张居正欣喜若狂、笑逐颜开，因为他明白，自己出头露面的时刻马上就要到来了。徐阶是张居正任庶吉士时翰林院掌院

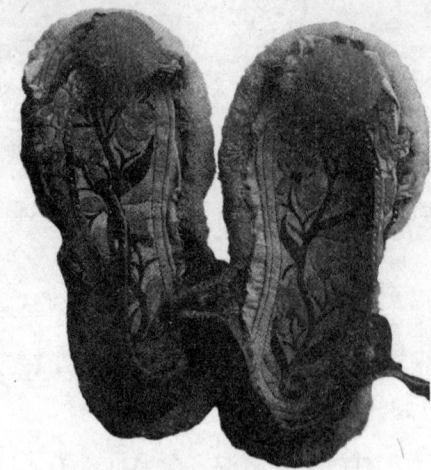

学士，在翰林院的名分上，徐阶是张居正的老师。加之徐阶对于张居正非常了解，把张居正视为国家的栋梁之才。嘉靖四十五年（1566年）世宗逝世后，徐阶和张居正又以世宗遗诏的名义，革除弊政，平反冤狱，颇得人心。一切好感都集中到徐阶身上。隆庆二年（1568年）七月，徐阶被迫归田，李纯芳代为首辅。高拱因为与徐阶闹矛盾，已于隆庆元年离开内阁，徐阶倒台后，隆庆三年（1569年）十二月，高拱再次入阁兼掌吏部事，控制了内阁大权。高拱很重视发现人才和起用人才。他选派官员特别注意年龄和健康，凡五十以上者，均不得为州县之长，不称职者去之。他考核官员，唯以政绩为准，不问出身和资历。高拱当政期间，起用了一批人才，"仕路稍清"。

徐阶和高拱都号称精明强干的首辅，为振兴明王朝作了力所能及的努力。但他们都不干预经济关系，也不冒犯现存的社会关系，只是在维持现状的基础上进行点滴的修缮，因而只能以失败告终。张居正则是有识之士之中的佼佼者。他洞察时弊，深谋远虑。早在隆庆二年（1568年）八月，在《陈六事疏》中，就系统地提出了他改革政治的主张：省议论、振纲纪、重诏令、核名实、固邦本、饬武备。前四条显然主要目的是为了加强中央集权、整顿吏治，而后两条的重点是富国强兵、稳定封建统治。整顿吏治、富国强兵是张居正主张改革的核心内容，同时也是其进行改革的纲领和宗旨。《陈六事疏》虽然得到了穆宗的赞扬和支持，但由于当时张居正的老师内阁首辅徐阶已免官回乡，内阁权力先后由李春芳和高拱掌握，所以张居正的改革只限于很小的范围之内，未能全面付诸实施。隆庆六年（1572年），张居正出任内阁首辅，当时穆宗逝世神宗即位，张居正遂"慨然以天下为己任"，开始全面地变法改革。

三、除弊图强的大改革

张居正改革，从万历元年开始到他去世为止，前后历经十年，改革的效果相当显著。

（一）加强中央集权

对于怎样挽救王朝统治危机，朝廷中有过各种议论和实践。嘉靖末年的首辅徐阶曾经提出"以威福还主上，以政务还诸司，以用舍刑赏还公论"的主张，并在实践中裁减冗员、平反冤狱、广开言路等，一时颇得人心。然而这些努力对匡救弊政来说，毕竟只是小打小闹，所以时局的败坏一如既往。

高拱继任首辅后，则打出维护先帝的旗号，认为兴国之道在于"遍识人才"，应以治绩为赏罚官吏的根据，不必论其出身资格，于是起用了一批得力干将，使仕路好转。然而他也未能驾驭全局，很快败下阵来。

张居正深谋远虑，刚毅明断，早在嘉靖、隆庆年间就曾先后上疏《论时政疏》和《陈六事疏》，全面陈述时局的弊症，提出六条改进方案。

事业百废待兴，问题千头万绪，究竟先从哪里下手呢？当时明帝国的状况是，君令无威，法纪废弛。在这个改革的重要关头，如果没有强有力的集权措施，加强各级机构对朝廷的向心力，改革就只能是一纸空文。对于这种情况，张居正认为"方今急务，唯在正人心，明学术，使上知尊君亲上之义"，把各部、各省的大权归中央朝廷。强调"一方之本在抚按，天下之本在政府"。要达到这个目的，就必须首先调整官僚体制，并在此基础上整顿吏治。于是，改革就从这里发端。

万历元年十一月，张居正呈奏《请稽查章奏随事考成以修实政疏》，即"考成法"，拉开了他全面整饬明帝国的序幕。

考成法中规定：内阁领导六科，六科监督部院，部

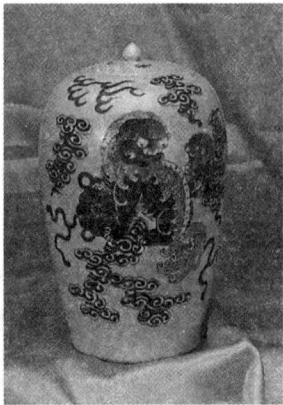

院统属各省抚按，抚按控制基层的县令。这样，从地方到中央的各级机构，层层由内阁控制，加强中央集权，以做到"事权归一，法令易行"。

在这个规定中，六科监督部院，均为明代旧制，只有内阁领导六科成为最高权力机构，是对明代中央体制的重大改革，不仅极大地改变了明代的吏制，也改变了明代的祖宗"旧制"。张居正这样做可谓用心良苦，明眼人一看便知这是要实行内阁集权，这可是冒天下之大不韪。然而，他只能如此，这是他尊重现实的选择。

明代内阁是朱元璋废相后，经长期酝酿后形成的机构。洪武十三年（1380年），朱元璋以谋反罪诛杀了左丞相胡惟庸等，此后，罢中书省，废掉丞相，仿照古代六卿之制，政归六部，并严申：以后子孙做皇帝时，不许立丞相。如臣下有胆敢奏言丞相者，群臣要立即劾奏，将凡人凌迟，全家处死。这一祖训，对明代政治影响极大。朱元璋废黜了一千六百多年的宰相制度，让六部直接归他负责，可谓权力高度集中了。可是这样一来，无人协助总理朝政，皇帝自然十分劳苦。朱元璋还可以清心寡欲，勤于政事，每天披星戴月，精心处理二百件公文奏疏和四百件军政要事。而他的子孙们却叫苦不迭，难以招架。于是成祖即位后，便让翰林院的编修、检讨等品级较低的官员在文渊阁值班，文渊阁正式成为殿阁大学士入仕的场所，明代内阁制度才真正建立起来了。

这时的内阁并不是正式的中枢机构，内阁的大学士只不过是皇帝的秘书、顾问而已，地位也不高，官阶仅为正五品。而六部的尚书都是正二品，所以上朝排班时，大学士的班次都在尚书以下。六部的地位提高之后，六科遂成为监督六部活动的独立监察机关。凡是六部奏请皇帝之事，都必须先经过六科给事中审查，不当则驳回。他们的衙署设在午门外东、西朝房，所有的奏章必须经其手，虽然官阶在七品但权势不小。以六科来稽查六部，即以小官来监督大官，这是明代吏治的特点。

嘉靖、隆庆年间，内阁的地位有所上升，权势也有所提高，但碍于"祖训"，内阁首辅始终不能成为名正言顺的宰相，内阁在参与机务方面当然也一直处于临时性、非法性的状态，没有明确地位。在这种历史背景下，张居正身为内阁首辅，他要实现自己的梦想，将所有改革措施一一落实，就必须拥有驾驭六科、六部的行政权力。以往的改革主要是通过争取皇帝的支持而获取权力支撑，而张居正所辅佐的恰好是个 10 岁的幼主，他还是一个孩子，完全不具备辨别是非的能力，其主观随意性更大。因此，为了更好抓住权力，就只能将他所置身的内阁变为合法的辅佐机构。

考成法中关于由内阁控制六科，由六科控制六部及都察院，再由部、院控制地方巡抚的规定，正是处于这样的考虑。通过考成法，不仅内阁参与政务的地位合法了，而且权力也集中于内阁了。这样，内阁就成为整个国家的政治中枢，内阁首辅张居正也就成了整个国家机器运转的总指挥，改革也获得了强有力的组织保证。

有了权力，便可以推行改革了，但是如果没有充满活力的官僚机构，再完备的设想也只不过是空中楼阁。在张居正看来"致理之道莫急于民生，安民之要，唯在于核吏治"。也就是说，治国之道的核心问题是安抚民众，安抚民众的关键问题是整顿吏治。官风不正，任何政令都会流于形式、为了整顿吏治提高监察效率，张居正从监察入手。

考成法规定：中央六部和都察院各衙门，把拟办的公事一律登记造册，分别制定一式三份收发文簿：一本留底；一本送六部的监察机构六科备注；一本送内阁查考。无论大小事务，都要根据事情的缓急，路途的远近，严格定出处件。六科的账薄，上下半年各清理一次，查核簿内的事情，看是否有超过期限没处理的，如果发现有拖延，则进行责任检查。这项规定实际上是明确了各巡抚、巡按等奏行事理，有延搁者，由部院检举；各部院注销文册时，有欺骗庇护行为者，由科臣检举；六科缴本注册时，有积溺事情或不法行为者，由阁臣检举的制度。这样一来，就从制度上防范了玩忽职守的现象。

对于官吏政绩的考察，除了各部、院平时掌握情况，做到按月考核，每岁总结外，还有京察。京察是对全国官吏全面的考核，规定每六年一次。有时还可以根据需要进行特别考察。考察的对象是五品以下的各级官吏，四品以上的官员令其自我检查。考察时，吏部、都察院先通知各衙门将被考察的官员的事迹送到吏部，都

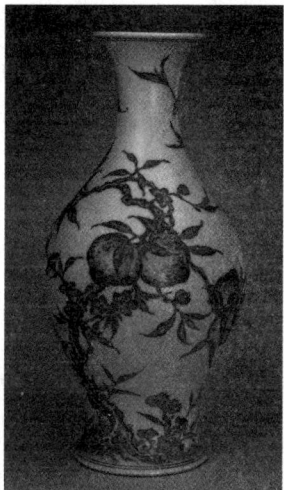

察院会同考察，根据官吏的现实表现，决定其职位升还是降。明王朝在明初是比较重视监察制度的，到明中叶后，由于纲纪的松弛，监察制度失去了作用。张居正决定恢复监察制度，发挥监察官的职能。在中央的监察机构是都察院，监察御史监察各衙门。在地方依当时省区，设十三道监察御史，监察地方政务。监察御史对于不称职的官吏，可以随时提出弹劾，对于有政绩的官吏，可以为其奏功。监察制度的恢复，使考成法进一步得到了保障。

当然，在推行考成法的过程中也遇到了种种阻力，但张居正一往无前，毫不动摇。他对于那些不尽职守，不按期完成任务的官员都严加惩处。万历三年，查核到地方巡抚、抚按中，有五十人未完成之事共有二百七十三件。其中，凤阳巡抚王宗沐、巡按张更化，广东巡抚张守约，浙江巡按肖凛等人，都是因为未完成任务最多而受到停俸三个月的处罚。停俸，对于官员来说无疑是一个沉重的打击。在名实不核的气氛中，这一惩处引起了极大的震动。万历四年七月，刑科给事中严用和稽查奏章，发现地方巡抚、巡按中有六十三人共未完成一百三十四事。为此，郭思极等人因未完成十一事以上，而被夺俸。万历五年十一月，户部员外郎贾实等四十八人因渎职而被勒令致仕。万历六年三月，直隶州、县、卫、所等官共二十八人，未完成钱粮征收在七成以上者，受到降二级的处分，未完成二成以上者，给以停俸的处罚，并责令他们立刻追征完毕。由于信赏必罚，处理严肃，考成法的权威地位日益提高，张居正的号召力也随之而日益增强。

考成法的广泛推行，给腐败的官场中吹进了一股改革的清风。嘉靖以来那种因循怠慢、姑息偷安的吏风也有所改变。官员们对于朝廷的各项政令再也不敢置若罔闻、任意拖延了。令行禁止、唯恐违限、以事责人的风气开始形成，办事效率大大提高，使趋于瘫痪的国家机构复苏过来了。万历六年户科给事中石应岳说："考成之法一立，数十年废弛丛积之政，渐次修。"著名史学家谈迁说："江陵立考成法，一位制治之本。"这些都集中反映了当时吏治风气的好转。

在整顿吏治的过程中，张居正不断更新官僚队伍，裁汰内外冗官，仅万历九年就一次裁汰一百六十九人，与此相应，广泛地到社会的各个阶层中去选拔人才，充实官僚机构。他驳斥"世无人才治"的悲观论调，认为"天生一世之才，自足一世"。不是没有人才，是没有正确的用人之道。要发现人才，必须打破论资排辈的传统偏见，大力提倡"立贤无方，唯才是用"。对于宦官势力的干扰，也进行了坚决抵制。太监冯保既是张居正的主要支持者，同时又博得了慈圣太后的器重，权倾朝廷内外。就连神宗皇帝都不叫他的名字，而称他为"大伴"。张居正通过结好慈圣太后，巧妙地来抑制冯保的势力，限制他参与军政大务。张居正借宦官引诱神宗游乐事件，严惩了孙海、客用；罢斥司里太监孙德秀、温泰、周海等人。其他宦官，凡属安分守己的，照旧办事；凡是为非作恶的，一概罢除。经过整顿，宦官势力受到抑制，就连冯保本人也有所收敛了。张居正针对法纪废弛，君令无威的状况，把执法与尊君联系起来，以伸张法纪为中心进行整顿。他把不法权贵看成是破坏法纪、祸国殃民的大患，坚决予以打击。在我国漫长的古代社会中，最严重的罪行莫过于不忠和欺君，任何严厉的惩罚都可以加之于这种罪人，而且顺理成章，会受到社会上大多数人的赞成。张居正正是充分利用这点，他把一切不法权贵看成是破坏法纪、祸国殃民的大患，毫不手软予以镇压。辽王在江陵一带横行霸道无恶不作，民愤极大，但地方官对他无可奈何。张居正秉公执法，据理力争，把辽王废为庶人。黔国公沐朝弼为非作歹屡触法纪，但朝中无人敢问，张居正不畏权势挺身而出，下令把沐朝弼押解至京城，立他的儿子袭爵。后来沐朝弼囚死于京城，一时人心大快。冯保的侄子冯邦宁依仗其叔父的权势，醉打衙卒、触犯刑律。张居正派人向冯保说明他侄子恶行的同时，此案令将马邦宁杖打四十，革职待罪。在发现人才或者使用官吏方面，张居正不仅在理论上有创新，在实践中也能突破规定的格局，革新成规，亲自作出表率。他起用行伍出身的李成梁处置边务，科举出身的张学颜主持清丈，被罢官的潘季驯治理黄河。尤其是破格提拔了一批官吏。在明代的官场中，对待人才一向是用人唯贤。这种做法最大的优点是有利于官僚集团内部的稳定。因为出身资格的差别是一种最明显的差别，按出身资格用人是一种最省事的办法。对于官吏而言，大家都按资格和年资循序渐进，总有希望从小官熬到大官。张居正的官吏改革，可见一斑。

（二）经济改革

良好的政治环境，为经济领域内的全方位改革，创造了十分有利的条件。经济改革是其改革的重点，在改革中他以开源节流作为指导思想，以达到增强国力，百姓安乐的目的，扭转"国匮民穷"的局面。

1. 节省开支。早在青年时代，张居正对于财物管理就有清醒的认识，他说："天地生财，自有定数。取之有利，用之有节则裕；取之无制，用之不节则乏。"二十年后，当他要强国安民整顿财政之时，提倡节约费用，反对奢靡之风。张居正主张将两京（北京、南京）大小九卿及各属中的多余人员全部裁去，节省政府开支。明代财政开支的主要项目有俸禄、军饷、宫廷、国防、水利及赈济灾民。其中以官俸、兵饷所占的比例最大，按成化时户部尚书李敏的估计，当时官俸开支约占全年财政开支的百分之二十至百分之三十。明代武官实行世袭制。武官子孙经过考试，即可授予官职。当编制已满的时候，就不得不设立有职无权的带俸武职，从而造成武官人数的激增。这样，到距洪武仅百余年的正德年间，文物官员总数已经从明初的三万余人增加到十二万人以上。官多俸禄多，财政负担大大加重。隆庆年间，政治形势稍微有所好转，徐阶、高拱曾着手缩小编制。在此期间，裁减了四十九个职位，增加了二十一个职位。在隆庆的基础上，张居正对南京官职采取了虚其位而减其员的办法。万历初年，明朝和俺答的关系得到改善，军事活动相对减少。据此，张居正在清丈土地，进行赋役改革的同时，对国家机构进行了大规模的精简。万历八年六月，裁减了山西、汉南等处的兵备副使，督粮左参议等十七个四品、五品的职位。根据明末清初谈迁的《国榷》的不完全统计，张居正执政期间共裁减了二百三十八个职位，增加了三十三个职位，净裁二百零五个职位，大大缩小了编制。万历初年，张居正裁减的冗员人数达到官员总数的百分之二十至百分之三十。冗官的清除，不仅提高了办事效率，而且节省了一大笔政府的财政支出。在另一方面，张居正敢于将节用的矛头指向皇家的奢侈之风。自秦始皇建立了"大一统"的封建专制帝国后，财政制度就有了国家经费和宫廷经费的区别，但皇帝仍有权任意挪用国家经费，以供宫廷之需，也可以派宫廷机构侵夺行政机构的财政。于是，在财政上产生了国家行政系统和宫廷机构的矛盾，明朝也是如此。明朝宫廷财政收入主要有三个来源：其一来自于户部掌握的国库，叫做太仓；其二来自于宫廷的田庄、店铺，叫做皇庄、皇店；其三直接取自州县，叫做上供、采造。明朝开国皇帝朱元璋出身寒微，又目睹了元末皇室奢侈之风，所以一直强调节俭。但是，随着社会的稳定，奢靡之风日渐盛行。宫廷开支大大超出正常的财政拨款，就只能强迫调拨国库里的存银。君主的权力是无限的，国力民力却是有限的，为保住国力民力，国君必须克制住自己的欲望，带头节省开支。张居正认识到了这一点，曾多次上疏劝说皇帝"凡不急工程，无益征办，一切停免，敦尚俭素，以为天下先"，尽量减少宫中不必要的花费。为了达到目的，张居正费尽心机，他借用宋仁宗不喜欢珠宝的故事劝导小皇帝说："圣明的君主看重的是五谷而非珠玉，五谷养人，珠玉则饥不可食，寒不可衣。"万历五年五月，内宫传旨要重修慈庆、慈宁两宫。张居正听到这个消息后，立即上疏请求停止此项工程。

为了节省开支，张居正事事精打细算。明代皇帝对大臣赐宴，以示龙恩。但是一宴的费用，高达白银数百两。张居正上疏强求免去循例赐宴，并从自己做起，要求万历皇帝在以后的日子里，不要再设宴款待自己。在他执政期间，宫廷费降低了，减轻了国家财政和民众的负担。

2. 清丈土地。明代的赋役中，田赋占有相当大的比重。耕地是征收土地税的主要依据。为了确切掌握耕地的数字，确保财政收入，洪武年间，明王朝曾用了十年的时间，清查丈量全国土地，然后编制成鱼鳞图册。鱼鳞图册就是明朝的田亩册，其中详细记载了每块耕地的方圆界至、形状、土质、等级和业主姓名。鱼鳞图册的编成，使官府可以根据各户的耕地情况定出税粮和差役负担，赋役摊派较为合理。但是，到了明中叶以后，鱼鳞图册上的田亩数字与国家实际能够控制的田亩数已经是大相径庭。这一时期土地高度集中的程度，在中国古代社会中可以说是绝无仅有的。明朝初年，全国土地的数额有八百五十余万顷，到天顺七年（1463年）就只剩下四百二十九万余顷。又过了四十年至弘治十五年（1502年），实额才四百二十二万余顷，比明初减少了一半。关于户口情况，明初，为

了加强赋税官吏，朱元璋制定了黄册制度，把每户的籍贯、姓名、年龄、丁口、旧宅、资产等，都详细登记造册，政府每年勘定一次，十年重造一次。黄册所登记的户口情况，是国家征收田赋和征派劳役的依据。据统计，明初全国户口额有一千零五十余万户，永乐年间增加了九百万户，而到了弘治四年（1491年）只剩下九百余万户了，还不足永乐时的一半。以上情况表明：土地集中的情况至嘉靖万历时，仍然是有增无减。土地越集中，隐田的现象就越严重，致使登记在册上的土地有相当的一大部分与实际占有情况不相符合。结果便形成了这样一种局面：中户以上的家庭田亩多而无税，中户以下的家庭无田反而有税。赋税严重不均，老百姓叫苦不迭。面对日益危机的财政问题，张居正一开始采取的是催征捕赋的办法，虽然取得了一定的成效，但是只是暂时的对策，要想彻底解决问题，就得解决田产的隐匿问题。于是，张居正在万历五年十一月，正式下令，在全国清丈土地，清查户口，限在三年内完成。清丈土地是一项十分艰难的工作，为了摸索经验，张居正先派出自己的湖广同乡，南京的左都御史耿定向出任福建巡抚，试行清丈。在张居正的支持下，耿定向很快就完成了清丈任务，共查处隐匿土地二十三万余顷，取得了初步的成功。在试点成功的基础上，张居正同阁臣张四维、申时行及户部尚书张学颜等人，又制定了详细的实施方案，共八条：明清丈之例；议应委之官；复坐派之额；复本征之粮；严欺隐之律；制定清丈之则；颁行丈量计算方法；规定经费供应之法。八条规定得到了神宗的批准，于万历八年十一月颁行天下，有力地推动了全国的清丈。万历九年，清丈三年完成的时限已到，根据考成法，科臣应当对没有完成清丈的官员给予惩罚，这时张居正考虑到清丈工作内容琐碎，加之阻力巨大，实在不容易按时完成，如果草草了事，追赶时间，一定会造成草率用事，以前的清丈工作也会有所流失。基于此，张居正一面要求科臣对于到限尚未完成者，从缓提出弹劾，一面叮嘱负责清丈的地方官，清丈务求祥审，而不必拘泥于时限。在张居正的周密部署和精心策划下，在他坚持不懈地督责下，到万历九年，清丈工作得以顺利完成。从万历六年至万历九年的清查，得户数为一千六百一十二万一千四百三十六户，人口数为六千零六十九万二千八百五十六人，田亩数为七百零一万三千九百七十六顷。经过这次全国范围内的清丈田亩，增加了国家的财政收入，打击了地主豪强，也引起了一部分人的不满，但是，老百姓的生活负担大大减轻了。

3. 推行一条鞭法。清丈田亩的成功为全面改革赋役制度创造了条件，原先赋和役是分开的，赋是对田亩的征派，役是对人户的征派。万历九年（1581年），张居正下令在全国推行一条鞭法，废除了唐后期以来沿用已久的两税法。其实，早在嘉靖年间有些地方官员在部分地区就开始试行了一条鞭法了。但是由于官僚、豪强的反对，"屡行屡止"。直到张居正大力推行，才成为通行全国的制度。其主要内容包括如下几个方面：

第一，赋役合并，以丁田分担役银。在一条鞭法中，把原来的赋（夏秋两税）役（里甲、均徭、杂泛）以及土贡方物合成一项。并以州县为单位确立赋役数额。徭役一律征银，取消力役，由政府雇人来充役。役银也不像过去那样依据户、丁征收，而是按人丁和田地多寡来分担，把部分丁役负担摊入田亩。这样的统一编排，化繁为简，既有利于国家统一掌握，也使民户容易理解，小吏也难以从中作弊。

第二，田赋征银。原来明朝的田赋也有征收"折色银"的，但在此之前，田赋的征收仍以"本色"为主。一条鞭法规定，除苏、松、杭、嘉、湖地区继续征收本色，以供皇室官僚使用外，其余一概征收折色银。

第三，赋役的征收解运由地方官吏直接办理，废除原来粮长、里长代征收代解赋役的旧制。明初实行粮长制，以纳万石田赋为一粮区，推选纳粮最多的人为粮长，负责田赋的催征、经收和解运，称为民收民解。但是后来弊端丛生，于是改为官收官解。

一条鞭法的推行是与张居正创行考成法、整顿吏治、抑制豪强、清丈田亩密切配合的，没有这些条件，一条鞭法就难以推行。可以说一条鞭法的推行是张居正改革最主要的措施。张居正推行一条鞭法的直接目的是为了整顿赋役、克服财

政危机、稳定明朝的统治，但它所产生的积极作用和重大影响，却远远超越了张居正的主观愿望。首先是简化了赋役征收的形势。传统的赋役制度是将赋和役分开征调的。赋以田为对象，分成夏税和秋粮，向田主征收；役的对象是人丁，官府需要力役时，按户出丁，轮流应役。一条鞭法将力役并入田赋，改变了过去赋与役分开征收的办法，没有土地的农民，或土地少的农民减去或减轻了力役的负担。其次，以银代役，一方面，农民可以不再服役，保证了从事农业生产的时间，有利于农业生产的发展；另一方面，国家对农民的人身控制放松了，农民获得了较多的人身自由，可以离开土地，改革谋生方式，这又为城市手工业的发展提供了更多的劳动力资源。而商人购置土地，则要承担相应的赋役，如果没有土地，可以不纳丁粮，这也刺激了他们不置田产而投资工商业的兴趣，对于发展商品经济、促进资本主义萌芽起到了积极的作用。再次，就是农民对国家承担的赋役，除固定的漕粮外，一律以银折纳，银钱代替实物税，又促进了农作物的商品化，扩大了货币流通的领域，客观上符合经济发展的要求，具有一定生命力。一条鞭法是我国经济发展史的要求，具有一定的生命力。是我国经济发展史上的一项重大革新，实际上它已经成为我国封建社会后期主要的赋税制度。

在这一革新过程中，张居正的个人功绩主要表现在两个方面：

首先，顺应赋税改革的潮流，及时推广到全国。一条鞭法并不始于万历，早在宣德五年（1430年），浙江巡抚周忱和苏州知府况钟，就曾倡言要依据农民的田亩来调剂赋役，但被户部以乱变法不了了之。嘉靖十八年（1539年）应天巡抚欧阳锋和苏州知府王仪在苏州府内创行"征一法"，计亩征银，又因豪绅多歧义，没有获得成功。此后，类似的方法不断推出。在隆庆三年（1569年），应天巡抚海瑞也在南直推广一条鞭法。次年，江西又实行了一条鞭法。一条鞭法的推行，对农民来说百利无一害，但是，有利于民必然要有损于贪官污吏和不法豪绅，自然遭到他们的强烈反对。海瑞就是因为夺田还民被斥为"疯子"，最后以"鱼肉缙绅"的罪名而被革职。隆庆年间，户部尚书葛守礼抓住了南方推行此法过程中的某些偏差，认为一条鞭法不适于北方，上疏废除一条鞭法。

所以，一条鞭法没能在更多的地方推行。张居正对于能否在全国推广一条鞭法，采取了极为慎重的态度。他注意到了历史的经验教训，表示适用的地方就推行，不适用的地方也不必强行。万历四年，他先派人在湖广地区试行，一年后只有少数人言其不便。这时张居正的态度有了明显的转变，他开始确信一条鞭法是改革赋役的好方案。于是又开始在北方推广，试点设在山东东阿县，不久就传出了好消息，当地百姓都愿意接受。当清丈田地告成后，张居正不失时机地将一条鞭法推行到全国。这项改革从明中叶开始酝酿，至万历五年通行，几经周折，时行时停，最后定为国策，不能不归功于张居正顺应历史潮流、因势利导的努力。

其次，用于突破重农抑商的传统，作出有利于农资商的决策。一条鞭法作为国家的税收政策，就向前面所说的那样有利于促进商品经济的发展，是对重农抑商传统的一大突破。张居正以其对时弊的深切认识和改革弊政的坚定决心，提出"以原农而资商""以原商而利农"的进步思想，认为商农应该平衡发展，这在当时的历史条件下，是难能可贵的。

4. 兴修水利。在古代社会中，"富国之本，在于农桑"，中国始终以农业为本，而农业的发展又离不开水利事业的发展。张居正作为一位深谋远虑的政治家，也考虑到了这点，在他的改革中，治黄整淮，兴修水利，也是主要的课题。

从元朝至元二十年（1283年）黄河改道，经淮河入海后，夺淮入海的黄河屡次决口。万历三年，黄河在砀山决口向北泛滥，淮河在高家堰决口向东泛滥，高邮湖也在清水潭决口，淮城全部被淹没。水势汹汹，人心惶惶，张居正找到了能够担当治河大任的吴桂芳为漕运总督，治理黄河。万历四年二月，吴桂芳提出了自己的治河方案。他认为：黄河入海口只有云梯关一处，致使河流入海不畅，导致泛滥的情况。他建议开黄河入海口，使黄河顺利入海，这样淮水可顺利出海，高邮等地的水患就可以缓解。他还提议增开草湾及老黄河故道，修筑高邮东西二堤来蓄湖水。张居正认为吴桂芳言之有理，方案可行，于是以极大的热情予以支持。治黄工程开工后，流言蜚语不可避免，张居正鼓励吴桂芳："为了治理黄河，即使占用土地也不要觉得可惜，无论遇到什么状况，都要坚持下去。"在张居正的支持

下，吴桂芳的草湾工程，在万历四年八月竣工了。

万历五年，黄河再一次决口，河岸的大多数地方被毁坏，淮河被黄河水逼迫，再次向南改道。张居正本想再次起用吴桂芳，但不幸的是，吴桂芳身患重病。张居正于是任用了在家闲住的治河专家潘季驯继续治河。潘季驯上任后，亲自实地考察地形水势，然后上了《两河经略疏》，提出了对水患及黄河、淮河治理的一套看法和理论。他认为：黄河新道宽二十余丈，深一丈有余，只及故道三十分之一，不可能容纳洪水季节的流量。如果像有人主张的那样再开新河，更加削弱水的冲力，加速泥沙淤积，更易导致新的决口。因此，潘季驯建议：堵塞决口，加固堤坝，导河归海，迫使黄河回归故道。为解决故道淤塞的问题，他主张采取"以水治水、束水攻沙"的先进方法。为此，需要修复高家堰等处的堤坝，迫使淮水仍然在清口与黄河合流，利用两河的水力冲刷淤泥，以保持河道畅通。淮水仍然由以前的故道入海，淮扬等湖的水位自然下降。潘季驯的奏疏刚一到朝廷，引起议论纷纷，治河历来关系就比较复杂。潘季驯就曾为此事在隆庆四年被罢官，所以他心有余悸，担心朝廷在中途变卦，于是向张居正提出辞呈。张居正认为潘季驯是一个有着二十多年治水经验的难得的人才，此事非他莫属，于是他不准潘季驯辞职，并拟旨支持他的治河方案，同时指示：各分任官员如果有玩忽职守者，随时追究制裁。从万历七年二月到万历七年十月，前后仅八个月的时间，潘季驯主持的各项工程就全部竣工了。

在任用潘季驯治河的同时，张居正还更改了漕船起运、到京的期限。世宗时曾规定了南方漕运的过淮期限，江南为正月，浙江、湖广、江西为三月。按照这一规定，浙江、湖广、江西的漕船恰恰是在春汛期间路过黄淮地区，往往受到较大的损失。而三省漕粮每年平均在一百四十至一百五十万石左右，占总数的三分之一。鉴于三省漕粮的重要性，张居正改为南方各地十月开仓，十一月兑完漕米，十二月起运，二月过淮，三月过洪入闸，避开了春汛，减少了损失。

治理黄淮历代都有，张居正摒弃了历来只顾漕运无视民生的治水方案，采取民生与漕运的治水方针，结果保障了农业生产的发展，稳定了政府的财源。

5. 整顿驿递。我国的驿递制度由来已久，甲骨文对此也有记载。随着国家制度的日益完善和社会经济的逐步发展，驿站也普遍设立，驿道四通八达。明代，从京师到各省的交通干线上都设有驿站，共一千九百三十六处。驿站专门负责接待因公出差的官员，其内部的车、马、驴、船等交通工具均征自民间，马夫、船夫也来自民间，过往官员不付任何报酬。这表明，使用驿站人数越多，次数越频繁，百姓的负担也就越重。正德以后，随着明代政治的腐败，驿递制度的执行也日渐松弛。到嘉靖年间，驿递制度更是弊端丛生。官员使用驿站的范围大大扩大了。更为严重的一个问题是过往使客对驿站的骚扰。使用驿站的过往使客，大多都是皇亲国戚和朝廷命官，对沿途的驿站过额支应，滥派差役、索要下程供应的现象，比比皆是。驿递的弊病使驿递制度渐渐成为一项扰民的苛役，严重影响了国家的正常经济秩序，张居正于是在万历三年（1575年）对驿递制度进行了整顿。

　　首先，张居正重申官员非军国大事，不许领取勘合的用驿原则，具体规定"凡官员人等非奉公差，不许借行勘合。非系军务，不许擅用金鼓旗号"，"抚按司府各衙门所属官员，不许托故远行参谒，经扰驿递，违者抚按参究"。

　　其次，加强了勘合的管理和驿传稽查，以防止假冒、转借勘合。在张居正的主持下，创制了内外勘合、大小勘合、勘合长单等办法。内外勘合，就是将京城与外省的勘合有所区别，然后加以对换的办法。大小勘合，则是用来区分出使的官员和杂职末流小吏的办法。凡是持大勘合的官员，驿站应供给粮夫马车船，而小勘合持有者驿站只提供人夫和粮食。对于使用大勘合的官员，为了防止他们过额索取，在大勘合以外又设有长单。长单专门用来填写沿途驿站供应的数字，这些数字由驿丞、出使官员共同填写，并且要有所过州县衙门的印章。

　　第三，严格限制过往官员额外索取驿站支应，并警告地方官员不许阿谀奉承以取悦上司。新的驿传条例规定：虽是公差人员，如果使用的轿、夫、马等超过规定数字，不管是什么衙门，都不应支付。有违犯者的官员要依法治罪。地方官进京朝见，也不许带额外随从等。

　　经过张居正的一番作为，官员擅自驰驿，使客过额索求，收到了极大的限制。这样，就使驿

站的开支得以节省，在畿辅地区，驿站开支减去百分之六七十。在此基础上张居正又调整了驿站站银的征收、下发、禁止拖欠、克扣或作别项开支，把某些州县的协济站银进行了合理调拨，从根本上扭转了驿站站银支用不足的局面，也使交通干线沿途的百姓的负担大为减轻。据不完全统计，自万历四年至万历十年，共减免站银八十九万五千六百两，驿递整顿是一项利国利民的善举。

（三）整饬边务

隆庆元年（1567年）二月，张居正入阁参与机务。当时，徐阶大权在握，高拱与徐阶不和，于是在元年五月离开内阁。九月，俺答进攻大同，掠交城、文水，直逼山西中部，北京处于战争的惶恐之中，十月，俺答掳掠后引兵北退。穆宗下诏让群臣讨论这件事情，兵部尚书郭乾被罢职，由霍冀接任。徐阶的门生工科给事中吴时上疏推荐谭纶、戚继光，练兵蓟州，以加强北部的边防。这一建议很快得到了首辅徐阶的支持，很快就实现了。霍冀刚刚接任兵部尚书的时候，对情况并不是很熟悉，大学士李春芳、陈以勤都不愿意过问边防事务，而当时张居正、吴时来、谭纶与戚继光都是徐阶重用的人。这样，在内阁之中主持整顿蓟、辽、宣、大边防的重任就落到了张居正身上。隆庆三年（1569年）十二月，高拱二次入阁后，在边防问题上，高拱与张居正有着共同的观点、共同的语言，再加上他们都曾经是裕邸讲官，又是十年前国子监的同事，关系颇为融洽。因此，在隆庆一朝，张居正为北方边务的实际承办者和主持者。

张居正整饬边防，首先是重用智勇双全的江陵，对他们"委以责成""信而任之"。他所重用的谭纶、戚继光、李成梁、王崇古、方逢时等人，充分发挥了他们的能力和智慧，在事务之中大显身手。

当时的情况，北边战守的重心是蓟州。在谭纶、戚继光主持蓟州边防的时候，张居正给了大力的支持。谭纶提议建筑敌台，张居正立即答复："昨议增筑敌台，实设险守要之长策，本兵即拟复行。"谭纶于是和戚继光"图上方略，筑敌台三千，起居庸至山海，控守要害"。戚继光在整饬边防过程中遇到困难时，张居正及时给予排除。戚继光的军事才干得以充分的施展，在镇守蓟州期间再次得到充分的发挥。他以对倭作战的浙兵为主干，根据蓟州的地理条件和同蒙古骑兵作战的特点，从实际出发，加紧军事训练，修建边墙和增建空心敌台，改善武器装备，得到了中央政府的认可，也震慑了蒙古各部，使蓟州的边防，相安无事。在整饬蓟州边防的过程之中，张居正与谭纶、戚继光私人之间也结下了深厚的友谊。隆庆六年（1572年），张居正任内阁首辅，谭纶为兵部尚书，直到万历五年四月病逝为止；戚继光镇守蓟州十六年，保证了边界安定。

在辽东方面，张居正任用了出身贫寒但有大将之才的李成梁镇守。李成梁是辽宁铁岭人，世袭铁岭卫指挥佥事，积功升至辽东镇的险山参将。隆庆年间因为抗击土蛮频传捷报，在隆庆四年升任辽东总兵，镇守辽东镇。《明史》中介绍他"英颜骁健，有大将才"。万历七年底，土蛮以四万余骑屯聚在锦川营（今辽宁绥中西北），张居正得知这个消息后，即刻告诫李成梁等人切不可轻敌，一定要坚壁清野，挫敌锐气，然后再出击。他又下令兵部调戚继光前去增援，明军按照这一方案击退了四万敌骑，李成梁又趁机出塞二百余里，直抵红土城，斩首四百七十余人，这就是"红土城大捷"。万历八年张居正授予李成梁世袭伯爵。在李成梁镇守辽东的二十二年，先后取得大捷十余次，其武功之盛，是二百年来未曾有过的。万历十九年（1591年），李成梁离开辽东后，十年间主帅变了八次，边备松弛。万历二十九年（1601年）八月，再次起用李成梁镇守辽东，当时他已经76岁，在他第二次镇守辽东的八年间，辽东少事，蒙古土蛮也不敢再犯。在宣、大方面，张居正任用王崇古、方逢时镇守，他们修边墙，开屯田，加紧练兵，防御力量大大增强。

在张居正的主持下，经过多年的努力，终于扭转了长期以来边防松弛败坏的局面。战守力量日益增强，蒙古犯边逐年减少。张居正加强边防的目的是为了寻求改善蒙汉关系的时机。他多次命令长城沿线的将领，要抓住一切有利条件，发展同蒙古族的友好往来。宣大总督王崇古多次派人深入蒙古内部进行联络宣传活动，公开宣布，

凡是蒙古投归内地的无论番汉均以礼相待，适当安置。此招果然灵验，越来越多的人口离开蒙古归顺中原。

隆庆四年（1570年），俺答汗的孙子把汉那吉与俺答汗发生矛盾，于是入关请求投降明朝。于是围绕着是否接纳把汉那吉在朝廷展开了激烈的争论。张居正力排众议，坚决主张接纳把汉那吉，同时认为这是一个改善蒙汉关系的绝好时机，不可轻易放过。最后，穆宗采纳了张居正的意见，接纳了把汉那吉。随后又以隆重的礼节把把汉那吉送到蒙古交给了俺答汗。俺答汗见到孙子后欣喜若狂，上表称谢，表示今后永不犯边。从此，明朝与俺答汗结束了长期以来的敌对关系和对峙状态，在从东到西绵延五千多里的蒙明边境线上"无烽火警，行人不持弓矣"。同时，人民生活得以安定，经济也出现了繁荣景象，正如方逢时描述的"八年以来，九边生齿繁，守备日固，田野日辟，商贾日通，民始知有生之乐"。鉴于蒙汉关系有了实质性的突破，宣大总督王崇古提出了蒙汉两族"封贡互市"的主张，而蒙古俺答汗方面也疲于多年的战事，曾多次派使臣到北京请求"封贡互市"。王崇古的建议遭到了以兵部尚书郭乾为首的许多朝臣的强烈反对，他们认为讲和示弱、马市启衅，封贡互市后患无穷。他们甚至污蔑王崇古与俺答汗之间有某种秘密协定。在这种错综复杂的形势下，张居正挺身而出，一方面摆事实讲道理为王崇古辩护，一方面耐心劝说反对派阐明的优越性。他指出与俺答汗封贡互市对明朝有利。张居正的观点也得到了当权派之一高拱的支持，最后，穆宗同意议和，封俺答汗为顺义王，规定每年贡马一次，并在大同、宣府、山西、延绥、宁夏、甘肃等地选定十余处开设互市。

明朝和俺答汗缔结盟约后，张居正坚持严守信义，不违约、不背盟。王崇古有几次想延期开市，张居正坚决不同意，他向王崇古指出，蒙汉互市要以安宁、联合为主，不要因小失大又开边衅，以致破坏了刚刚形成的和平环境。随着时间的推移，互市贸易不断扩大，除政府控制的"贡市""马市"外，还出现了私人交易的"民市"和每月一次的"月市"，边远地区还有临时开设的"小市"。通过这些贸易活动，蒙古的金银、马匹、牲畜、皮裘、木料等特产源源不绝地流入明朝；而中原先进的生产技术、生产工具和优良种子等亦在蒙古地区

中国古代著名文臣

传播开来。封贡互市有力地促进了蒙汉两族社会经济的发展。

张居正通过重用英勇善战的将帅，整饬边防，加强战守，改变了正统以来边防日益发展废弛的局面；通过重用足智多谋的边帅，改善蒙汉关系，改变了自明朝开国以来一直与蒙古所处的敌对关系和战争状态，促使两族之间友好往来，促进了我国多民族国家的形成和发展。

（四） 学政育人

万历初年的学政，在张居正眼中弊端很多，无论是学校中使用的教材，还是学政队伍，都有不尽如人意的地方。为了能尽快培养出适合改革后的人才，张居正在万历三年上疏，请求改革学政。

明代官学较为兴盛，是统治者培养官吏的主要机构。北京和南京设有国家最高学府国子监，地方各府、州、县办有府学、州学、县学，并规定只有官学学生才能有资格参加科举考试。这样就形成了教育、科举、做官的体系。学校成了科举的附庸，通过学校渴求知识和掌握实际技术技能的功用降低了。明初对科举取士的考试录取标准，也做了严格规定。按照明朝制度，乡试、会试均考三场：初场考经义和四书义，第二场和第三场考经史事务对策及论、判、诏、诰、表等应用公文写作，三场考试成绩都优秀者，才可以取士。可是在执行过程中总会出现一些偏差，常常以考经义、四书义的成绩作为录取标准。考经书义只是在重复圣贤之言，以不许自由发挥的八股文为考试方法，这样就造成了学生只会背经文，不通晓政事的局面。这种形式，怎么能选出治国安邦的人才呢？

张居正在对学政的治理上首先从学校中的教材入手，以扩大知识面，改变学生孤陋寡闻的现象。他规定，除四书五经之外，还要学习《性理大全》《历代名臣奏议》《资治通鉴纲目》《大学衍文》等书，以及朝廷的法令和典章制度。为了纠正学风，他又对科举取士的考试制度严加规范，重申三场考试要同等对待，只有三场考试成绩俱佳者才能列为上等，并强调，后两场成绩优秀、但初场成绩一般的人，根据录取名额可"酌量收录"，而初场成绩优秀，但后两场成绩较

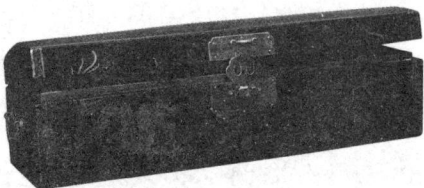

差者，一概不得录取。如果发现作弊，立即剥夺考试资格，并给予较重的处分。张居正的行为对于减轻八股文对广大学子的毒害、不再束缚他们的思想，起了重要的作用，也不再把八股文作为取士的唯一标准。以前明代科举考试中常出一些四书五经的三五百字，可是当这些都出完了，反倒难住考官了，出题者比做题者还难。于是题目就越出越怪，把书上不相干的内容放在一起，让学生去理解其中的含义。对于考生而言，只能把精力放在对这些内容的熟练程度和理解上，答卷也越来越空，考官也常常敷衍了事。张居正对于这种做法非常反感，也曾深受其害，他表示力求"明白睁大"，不出偏题、怪题，尽量切合实际。除了在教材的考虑、考试的制度上的改革外，张居正也认识到了学政队伍对于改革的重要性。于是对学政队伍进行了切实的整顿。明代的学政负责人在进入正统以后，地方是二级建制，基层的府、州、县设有提调官，负责本地区学生的考核。在府、州、县以上的各省，设有提学官，负责本省学区学生的录取、奖惩等事宜。提调官和提学官权力很大，地方的其他行政、监察人员都无权干涉他们的公务，除非犯法，才可由巡按弹劾。为了考核提调官、提学官是否称职，张居正对他们采取了三个方面的整顿措施。第一，进一步明确了提调官和提学官的职责。万历三年，规定：府、州、县的提调官要严格执行学规。对学生要按时考核，定期检查作业。第二，加强监督。张居正运用考成法。万历四年规定，每科乡试结束后，由吏部立即对提学官进行审查，分出等次，然后按等予以奖惩。第三，慎选学官。万历二年张居正要求吏部、礼部在挑选学官时，"务选年力精壮、学行著闻者"任职，即学识、品行、精力都符合者才能担任学官。张居正的这些措施，使万历初年的学政有所改观，初步扭转了学政腐败的局面。

约束生员、严格淘汰也是张居正学政整顿中的一项重要内容。生员，就是明代地方官学的学生。明初的生员名额，府学四十人，州学三十人，县学二十人。宣德三年（1428年）后，全国两千多所官学学生总数大约有三万多。到正德年间总数大约有六万人左右。这些生员，分为三等。在当时称为秀才的，地位就比普通人高出一些，见了知府可以不用下跪，官府也不能随便对他们动用刑罚。最主要的是，生员享有国家统一规定的生活待遇。这些生员，成了国家一项不小的财政开支。为了减少开支，张居正在万历三年制定了严格的考试淘汰制度，要求提学官在每年一次的岁考中，"严加校阅"，对学业荒疏、资质平庸的学员，立即开除学籍，决不姑息。同时还裁减了生员名额，规定大府不得超过二十人，大州、大县不得超过十五人，此项措施仍然用考成法来监督，得到贯彻实施。当时生员在学习之余，都特别热心于政治，对某一官员进行评头论足。禁止生员干政是明代高度专制集权的内容，统治者需要的不是具有积极主动精神的官吏，而是俯首帖耳的奴才。张居正也是那个时代的人，当然他也不能逃出那个时代的界限，只能用加强专制的办法强迫生员专心读书。

在明代的教育体制中，还有一种书院的制度。书院制度从宋初到清末，存在了近千年之久。书院多是由私人创办，对于那些不能进入官学的人来讲，也同样有接受教育的机会，起着补充官学不足的作用，也使各种思想与文化在中国古代社会中徜徉。书院在明代嘉靖年间达到极盛，大约有七百多所，占明代书院总数的百分之六十。书院多由当时颇有盛名的王守仁、湛若水等理学大师讲演，在传播、创新和发展中国儒家文化上起了不可低估的作用。但是不免有些人空谈，窃取虚名，没有什么真才实学。张居正对这种聚众空谈之风十分反感。他认为古人的经书是圣贤留给后人的宝贵财富，士人读经是为了学习治国安邦、立身处世的道理，而且书院还要占去大量耕地作为办学经费，而这种有名无实的办学实在是扰民之举，所以他在万历七年下令："毁天下书院。"约束生员、毁天下书院这两项举措，后人非议颇多。从对教育的发展过程来看，确实存在很多的弊端，但是在明中期以后财政不理想的条件下，对于提高生员的质量，节省财政开支，推进改革的深入，也起着不可低估的作用。

四、惊心动魄的夺情风波

万历五年，张居正从一个翰林院的编修成为当朝的首辅。张居正也在神宗的支持下实行新政，同时又以辅臣兼皇帝老师的身份，时时对皇帝进行教育。

不仅张居正在政治上取得了非凡的成就，他的两个儿子也都相继考中。万历五年（1577年），也就是张居正次子中进士及第那年，张居正的父亲在九月病故。对于一般人而言，老父的去世只不过是家庭私事。然而对于张居正这样众目睽睽的首辅大臣而言，如何处理亡父的丧事竟蒙上了一层浓烈的政治色彩。终于酿成了一场轰动一时的"夺情"风波。

张居正的父亲张文明，自治卿，号观澜，在科场仕途一直都不是很顺利，连续考了七次乡试，都名落孙山。在他20岁那年补了个府学生，一直到死，仍旧还是府学生。父以子贵，儿子既然是内阁首辅，父亲就非同一般了。万历五年，74岁的张文明患病，张居正本想请假省亲。但是正赶上皇上大婚，作为内阁首辅，他没有办法脱身，只得等到大婚以后再告假。原本想在万历六年夏初回到江陵探望老父亲，不料，万历五年九月十三日父亲病逝。九月二十五日，噩耗传到北京。第二天，张居正的同僚、内阁辅臣吕调阳与张四维上疏奏明皇上，引用先朝杨溥、金幼孜、李贤的"夺情"起复故事，请求皇上挽留张居正。明朝内外官吏人等有丁忧的制度。在遇到祖父母，亲父母的丧事，自闻丧日起，不计闰，守制二十七月，期满起复。"丁忧"指亲丧二十七个月中，必须解职，期满而后，照旧做官，称为"起复"。在二十七个月中，由皇上特别指定，不许解职，称为"夺情"。张居正照例咨吏部，请放回原籍守制。吏部随即就接到圣旨：

朕元辅受皇考付托，辅朕冲幼，安定社稷，朕深切依赖，岂可一日离朕？

中国古代著名文臣

父制当守，君父尤重，准过七七，不随朝，你部里即往谕著，不必具辞。

自从隆庆六年六月，张居正当国以来，这五年三个月的时间，整个国家安定了，政治上了轨道，经济有所发展，北边的俺答屈服了，张居正是形成这个局面的一个必不可少的人物，15岁的神宗处处依赖于他的老师，造成了张居正非留不可的局面。不许守制的上谕下来了，张居正再次上疏请求，自称"是臣以二十七月报臣父，以终身事皇上"，但是语气不是十分的坚定。后来张居正又上《再乞守制疏》，神宗和吕调阳、张四维说起，即使张居正再上百本，也不能准。夺情的局势既成，张居正也没有回旋的余地，他提出了五个条件：

（一）所有应支俸薪，概行辞免。

（二）所有祭祀吉礼，概不敢与。

（三）入侍讲读，在阁办事，俱荣青衣角带。

（四）章奏具衔，准加"守制"二字。

（五）仍容明年乞假葬父，便迎老母，一同来京。

神宗除了对他所提出的第五条不同意外，其他一律答应。这就是张居正的"在官守制"。为了表明他的虔诚之心，特地辞去了俸禄。神宗过意不去，向内府及衙门下旨，给张居正更好的俸禄待遇。神宗以这种方式表明了他对张居正"在官守制"的支持。"夺情起复"的局面终于定下来了，张居正于七七之后仍入阁办事，大权在握。没有想到的是，这样的一种安排激起了一些官僚的强烈反对，是神宗和张居正都没有料到的。

反对最为激烈的是，翰林院编修吴中行、检讨赵用贤、刑部员外郎艾穆、主事沈思孝，他们都写了措辞很严厉的奏疏，弹劾张居正。十月十八日，张居正的门生吴中行首先上疏，吴中行上疏的第二天，张居正的另一个门生，隆庆五年进士赵用贤也上疏。第三天，艾穆、沈思孝又联名上疏。这些人上疏谴责"夺情"，出发点当然是传统伦理纲常，其中也夹杂着对张居正的不满情绪，使"夺情"又蒙上了一层浓浓的政治色彩。奏疏呈进之后，司礼太监冯

保将其给张居正看。张居正很生气，准备对四个人实行廷杖，用这种非常的手段来制止这种风气的蔓延。其他官员知道这件事情后，向张居正求情，请求他宽恕上疏反对"夺情"的四个人，结果还是没有能挽救他们。十月二十二日，神宗降旨：

命锦衣卫逮吴、赵、艾、沈四人至午门前廷杖。吴、赵二人各杖六十，发回原籍为民，永不叙用；艾、沈二人各杖八十，发边关充军，遇赦不宥。

在七七之后，张居正虽然不入阁办事，但是对于国事，从未放手，内阁的公文，一直送到孝帏批阅。到十一月初，七七已满，选定初六为好日子，又入阁办事。

确实，"夺情"事件可算得上万历五年政坛上的一件大事，它的影响很大，震动了朝野，民间也议论得沸沸扬扬。然而伦理纲常的力量，始终还是敌不过强大的政权力量。在反对"夺情"的人群中，也有一些人打着伦理纲常的幌子，对张居正和万历新政有所不满，企图迫使张居正离职，以达到中断新政的目的。也有一些人处于道德方面的考虑，为了端正民俗民风，而冒着生命危险犯颜。对于张居正而言，在衡量新政与守制之间的轻重后，也是冒着天下之大不韪，策划了"夺情"事件，并坚持到底，毫不退让。他的手段我们先不做评价，他的精神倒是令人感动。

五、权倾朝野的宰辅生涯

（一）话说宰相

宰相是百官之长，是丞相的通称，战国时称相邦、相国或丞相。封建国家的君主在建立政权之后，为了防止政权落入别人的手中，有时还必须采取必要的措施加以限制，始终处于一种进退为难的状态。

秦朝统一中国后，在新的官僚机构中，皇帝之下设立丞相、太尉、御史大夫。丞相是百官之首，负责辅佐皇帝，总揽朝政，权力很大。到了隋唐时期，实行了新的宰相制度，以尚书、门下、内史三省首脑为宰相，三省可以互相制约。由内史负责拟旨，门下负责审核，尚书负责执行。尤其在唐代，皇帝为了限制三省权限，还常常挑一些品级低的官员，加以"同中书门下三品"等名称，也让其担当宰相职务。为了分散宰相的权力，唐代还设有枢密使。宋代初期，官职和唐代基本上是一致的，宋太祖赵匡胤让同中书门下平章政事为宰相，设三个参知政事为副职。宋神宗五年又进行了改革，以尚书左右仆射为宰相，并且又以尚书左右丞代替参知政事为副宰相。到了明代，太祖朱元璋为了加强自己的权力，又根据历朝灭亡的教训，废除了相承已久的宰相制度，原来中书省的政事全部归六部管辖，使中央各权力部门互不统属，大权统归皇帝。为了解决拟旨、定制、批示等工作问题，让一些在内廷工作的学士、讲官以及翰林院中人员辅助。开始时没有定编，也没有定职，直到明永乐皇帝登基后，才将处理这些文书的人给予定员，也有了固定的称呼，这就是内阁的"阁臣"，也称为"内阁大学士"。明代的"阁臣"有首辅和次辅之分，首辅具有拟旨、批示的权力，并且兼任六部尚

独裁良相——张居正

书的正二品官位，虽然没有宰相之名，却有宰相之实，权力仍旧很大。

与明朝那些庸相相比，张居正显出了他的英雄本色。张居正是明朝中期以后非常时期的第一任宰辅，"非常"一词具有两层意思，一是就国君而言，是一个不能独立掌握政权的 10 岁的幼主，必须得有人代为执行国君的使命，于是这个重任就落到了张居正的身上。第二点就是当时的国势很不理想，政治混乱，财政衰竭，外面还有俺答的不断入侵，内忧外患，整个国家面临着覆亡的危险。

1. 皇帝的老师

明代皇帝的教育，一种是经筵，一种是日讲。经筵一般是每月逢二（初二、十二、二十二）举行，当然寒暑假除外。举行经筵的时候相当隆重，勋臣、大学士、六部的尚书、翰林学士都要到齐，由翰林院和国子监的人讲解经史。白天在文华殿举行，不用平时的侍卫等官，只有讲读官及内阁的学士和皇上一起学习。在万历初年的时候，内阁首辅张居正以他的资望和地位赢得了神宗和他的母亲李太后的尊重，被尊称为"张先生"，从此，对神宗进行教育的这个任务就落到了张居正的身上。张居正亲自为神宗编制了功课表，规定经筵从二月二十二日起至五月初二是上学期，共计九讲。从八月十二日到十月初二是下学期，也是九讲。没有特殊原因，不得自动停课。虽然神宗贵为天子，但是张居正对于他的要求丝毫没有放松，甚至要更加严格。神宗皇帝的功课主要有三项内容：经书、书法和历史。为了保证教学质量，张居正精心挑选了五个主讲经史的老师，两个教书法的老师和一个侍读。侍读就是古代陪同学生一起读书的人。经史的教材，除了传统的四书五经外，张居正还加了《贞观政要》《通鉴节要》等杂史，以便神宗能够学习先人治国的长处，尽早担当起治理国家的重任。张居正还教神宗学习太祖、成祖对于奏章的批阅，防止宦官独揽大权。与此同时，还严格要求神宗上朝，以避免产生君主与臣子之间的隔阂，形成君主被宦官包围并受控于宦官的局面。张居正与神宗的关系，在万历六年以前，还是相当融洽的，在神宗幼小的心灵中，除了两宫皇太后和与他朝夕相处的大太监冯保外，就是张居正先生了，张居正在他心目中是一个智慧的象征，他对张居正也是言听计从，尊崇有加。

2. 管理政事

神宗虽然不完全参与政事，但是有一点，他坚定地站在张居正后面，做他坚定有力的后盾，虽然改革的过程之中遇到了很多的艰难险阻，但是值得欣慰的是，万历新政还是实行下来了。可以说，万历新政让明中后期有了欣喜的气象。但是在张居正实际操作过程之中，神宗只是例行公事地每天批示。关于重要的人事任免，总是由张居正和吏部提出几个候选名单，让皇帝去选定。而皇帝则知道每次第一位的人是最称职的，实际上张居正还是最终权力的操纵者。张居正什么事情都不让神宗小皇帝插手实际上是不明智的，等小皇帝长大，必然会留下隐患。

3. 勇于谏言

中国古代官场的关系非常复杂，"中庸"的态度一直被各级官僚所推崇，看上面脸色行事。但是，也有一些人，敢于表达出自己内心的想法。直言敢谏历来就被认为是中国古代官员正直的一个标志。以唐代的"魏征"和明代的"海瑞"最为典型。但是，谏言在官场之中是有很大风险的。因为提出的意见、方案并不一定能被君主和上司所赏识，即使被接受，也会有一个效果好坏问题，因此可能会被别人议论或者追究责任。如果自己的想法不是很成熟，就不会去冒那个风险。另外，还需要有胆识、度量去包容一切，所以中国历代都将直言敢谏奉为美德。

张居正就任内阁首辅之后，当时的情况是国库亏空，入不敷出。为了实现国富民强，他在财政方面主要实行开源和节流两个方法，当然，节流只不过是暂时缓和的一个手段而已，张居正把这个矛头指向了最难解决的皇家的奢侈消费。万历五年，神宗想要为两位太后重修慈庆、慈宁两宫，以表示孝心。张居正认为慈

宁、慈庆两宫建于万历二年，至今还没有过三年，没有重修的必要，于是他委婉相劝："而今天下，民穷财尽，国用屡空，就是有意节省还怕落不是呢！如若浪费，后果就不堪设想了。事已如此，省一分则为百姓受一分赐。这样，天下黎民就会众口一词，祝圣母万寿无疆，也会称赞皇上之大好啊！"

神宗听了之后，感觉也是如此，这项不必要的基本建设就停止了，节省了几十万两银子。像这样的事情还有很多，就不一一列举。勇于谏言，虽然符合古代官员忠良的风格，却以牺牲个人为前提，节约、节省一些，百姓就减少一部分的负担，相反的，就会引起一些人的不满，张居正也为此付出了代价。所以，谏臣好当，良臣难为。

（二）鞠躬尽瘁

张居正从他被任命为内阁首辅到他去世之时，大权都紧握在自己的手中，说明他很爱权。神宗也只是一个名义上的皇帝而已。作为一朝的宰相，贪权是很正常的事情，关键看是"以权谋私"还是"以权治国"。前者我们都不能忍受，利用自己的职权为非作歹，把王朝推向没落，我们都对此嗤之以鼻。但是后者则不同了，要想自己的想法获得支持和成功，必须有强有力的权力作为基础，使本已经走向没落的王朝看到光明。清末著名的"百日维新"，是适应当时清末混乱社会的一种新思想，结果还是以失败告终。康有为、梁启超没有找到一个强有力的政权对他们进行支持，也是其失败的一个很重要的原因，由此可见权力的重要性。关于张居正的"恋位"问题，万历五年张居正的父亲张文明去世，他没有回乡去守制，引发了一场"夺情"风波，皇帝不希望张居正离开，张居正也不想离开，其中一个很重要的原因就是当时改革的大幕已经拉开，还需要发展和巩固，如果这个时候回家守制三年，政敌很容易把他从首辅的位置拉下来，以终止改革。

万历八年（1580年），张居正的富国强兵的愿望已经基本实现，神宗也已经18岁，他感觉到，在朝中任首辅，可能是他的荣耀，但时间太久也会成为他祸害的根源。所以，功成身退，才是最明智之举。同年二月，张居正上《归政乞休疏》，请求致仕，神宗下诏不准。之后，张居正又上《再归政乞休疏》，说得更为痛切，坚持致仕。他在奏疏中以身体多病为由，并委婉提出，这次致仕，只是暂时休息，如果以后国家有事，必当报效国家，在所不辞。张居正在第二次上疏之后，就不再去内阁办事了，但是神宗不准。自从神宗登基以来，所有繁重政务都是张居正全权处理，就在张居正回江陵去葬他的老父亲的时候，一些要务还遣去江陵要张居正进行处理。所以这时的小皇帝，离开张居正，还是步履维艰。于是神宗派人传谕，又传慈圣太后的口谕，召张居正回来。在这种情况下，张居正只得再回内阁继续办事。

张居正最为可贵的地方，就是他在任一天，就能进取改革一天。万历九年（1581年），张居正在万历三年裁汰冗员的基础上，又下令裁汰了冗员一百六十多人，节省了国家的财政开支，提高了行政效率。同年，又实行了在土地改革中有质的飞跃的"一条鞭法"，五月，张居正奏请民间卖马以解决民间养马的困苦。万历十年（1582年），张居正奏请免除宿捕，减免了百姓的负担，使百姓生活大大改善。

万历九年，张居正病倒。张居正请求回家进行静养。神宗派御医前往张居正的住所进行诊治，并赐物进行慰问。万历十年六月，张居正的病情也不见好转，再次请求致仕。神宗依旧不准。六月十九日，张居正的病势已经非常严重。神宗再派太监慰问，在昏迷之中，张居正说了几句不明不白的话。六月二十日，张居正离开了这个世界。

史家第一——司马迁

　　司马迁（公元前145年--公元前87年），字子长，西汉夏阳人，我国西汉伟大的史学家、思想家、文学家，著有《史记》。他以"究天人之际，通古今之变，成一家之言"的史识，记载了自中国上古传说中的黄帝时代至汉武帝太初四年，共三千多年的历史，使《史记》成为中国历史上第一部纪传体通史，对后世影响深远，被鲁迅誉为"史家之绝唱，无韵之《离骚》"。

一、龙门后代

　　司马迁是我国古代天才的历史学家和天文学家。他著述《史记》的目的是"究天人之际，通古今之变，成一家之言"，也就是研究"天"与"人"的关系，认识历史从古到今的发展变化，写出自己的一家之言。鲁迅先生曾评价《史记》是"史家之绝唱，无韵之离骚"。司马迁的成就是多方面的。他是伟大的史学家，他的《史记》在我国古代文学史上树起了一座丰碑。他创造性地探索了以人物为主体的历史编纂方法，以拥抱整个民族文化的宽广胸怀，熔三千年政治、经济、文化于一炉，完成了《史记》这部气魄雄伟、包罗万象、博大精深的百科全书式的通史巨著，成为历代史家学习、仿效的楷模。他也是卓越的文学家，以卓越的艺术才华，为我国传记文学开拓了一代新风。有人说，屈原的辞赋、司马迁的散文、杜甫的诗歌、曹雪芹的小说都是我国古代文学史上划时代的作品。可见司马迁在文学史上的成就和地位。

　　司马迁不仅给后人留下了一份传世不朽的文化遗产，而且还树立了一个百折不挠、忠于事业的光辉榜样。让我们一起来追寻这位文化巨人的思想和文化脉搏。

（一）天官世家

　　古代人做事总讲究名正言顺，就连史学大家司马迁也是如此。

　　古代人在做官以后，通常以官名或居住地名作为自己的姓延续下去。司马之姓氏便是如此。司马迁在《史记·太史公自序》中道:"昔在颛顼，命南正重以司天，北正黎以司地。"南正和北正都是官名，南正重执掌天上的神事，北正黎执掌世间的人事。这是远古时代即神话传说时代的事情。重氏、黎氏

世世代代都掌管天文地理。司马迁认为他的祖先就是从此而来。到周宣王时，重氏、黎氏的后代失去了掌管天文、地理的官职而居司马之职。而有个名叫程伯休甫的后代人官居司马，于是，程伯休甫这一支重、黎的后代便改姓司马了。司马迁的这支家族，就是由此传下来的。实际上，司马迁讲述自己祖先的这些事情未必能确切考证，但是这也反映了他远大抱负的基点——天官世家。

读《太史公自序》可以发现，事实上，自程伯休甫官居司马之后，他们就不再是史官世家了。周惠王、周襄王以后，司马氏便分散开来。到了战国时期，秦国有个名叫司马错的人在秦惠文王时为官。司马错在历史上是很有名气的，是司马迁的八世祖，最有名的是他与张仪的大辩论。历史是这样记载的，惠王更元九年(公元前316年)，蜀国(今四川益地)发生内乱，向秦国求援，而此时韩国(国都在今河南新郑)又攻打秦国。秦惠王在伐韩还是伐蜀的问题上拿不定主意，就去征求张仪和司马错的意见。张仪以"挟天子以令诸侯，诸侯莫不从命"为据，主张伐韩。司马错却说："我不这么认为。我听说，要想富国必先扩大领土，要想强兵必先使人民富裕。现在蜀国局势动荡，得到蜀国土地足以扩大秦国领土，取得蜀国财富足以使人民富裕。而周王室为天下共奉的宗主，挟持周王无异于引火上身。只有伐蜀才既得实惠，又不会有人出面干涉。因而伐韩不如伐蜀。"秦惠王听从了司马错的意见，攻下蜀地，并任命司马错镇守。司马错经营蜀地几十年，为秦国立下了非常大的功劳。

司马错的孙子叫司马靳，在秦昭王时为白起部将，由于在长平之战中白起和司马靳活埋了赵国在长平的降兵，回到秦国后他与白起同时被秦昭王赐死于杜邮。这时少梁也改名为夏阳。司马靳的孙子司马昌是秦朝主管炼铁的官，在古代，这是一个非常重要的官职。铁在古代农耕社会有着极大的重要性，农业以铁为生产工具则生产水平有极大提高，铁还关系到军事装备等重大问题，因此铁的生产、销售都要依靠政府严格管理。

《史记》中记载，司马昌生司马无泽，司马无泽担任汉的市长（管理城市的商业地区），无泽生司马喜，喜被封为五大夫。在汉代有二十等爵位，爵位有名无实，不是官职，五大夫是第九等，喜可能是因为军功受爵。司马喜的儿子司马谈，是文景时期的人，在汉武帝时期司马谈担任太史公，乃司马迁之父。不过此时的史官与古代不同，只是一个中级官僚。由于家族对司马谈的影响，以及司马谈的史学之才，使其重新继承了远祖的史官世家之传统。

（二）史学家之父

司马谈生活于文、景时代，生年不详，死于武帝元封元年（公元前110年）。汉武帝时任太史公。太史公是汉武帝时设立的一个官职，武帝比较注重人才。司马谈有着广博的历史知识。据《史记·太史公自序》记载："太史公学天官于唐都，受《易》于杨何，习道论于黄子。"

唐都是汉代有名的天文学家。武帝初年曾被召见，让他测定二十八星宿的距离和角度，后来和司马迁一起制定太初历。司马谈就向他学习天文地理。杨何，西汉淄川（今属山东淄博市）人，字叔元，受《易》于田何，因通晓《易经》，于武帝元光元年（公元前134年）被朝廷征召，官至中大夫。著有《易传杨氏》两篇，后来亡佚。司马谈师从杨何学习《易经》，掌握天文星象、阴阳凶吉等知识也是他作为史官的重要职责。汉初比较流行黄老学说，这是以道家思想为主，以黄帝为依托的道家理论。汉初的统治者谙熟黄老之学，上至当权阶层，如文帝、景帝、窦太后，下至一般地主阶级知识分子，如曹参等，都主张清静无为。黄子就是黄生，据说是个很善言辞的人，曾经在景帝面前与辕固生进行过精彩的辩论。辕固生是《诗》学博士，在当时堪称《诗经》专家。就商汤伐桀、武王伐纣这两则事件的性质，辕固生说："夏桀、商纣暴虐，所以商汤诛夏桀，武王讨商纣。天下归于商汤和武王。这是顺应天意和民心的事情。"而黄生却以"汤武非受命，乃弒也"为由据理力争。意思就是，商纣虽然失去道义，但仍是君王，君王有过，臣下应当劝

谏，岂能上下错位，取而代之？黄生用儒家的君臣尊卑观念来反驳辕固生。岂料辕固生回答道："必若所云，是高帝代秦即天子之位，非邪？"以此推论，高祖代秦，即天子之位，也是大逆不道的篡弑行为吗？辩论到此，两者各持己见，互不相让。于是景帝出面制止道："食肉不食马肝，不为不知味；言学者无言汤武受命，不为愚！"（《史记·儒林列传》）这是句很有意思的话，即吃肉不吃有毒的马肝，不算不知味；讨论学问，避开汤武，没人说你们愚昧。这场辩论也就到此为止了。后人对黄生的认识也不过如此，历史上关于他的记载少之又少。不过他对司马谈的影响还是很大的，这在司马谈《论六家要旨》中可以看出来。

司马谈的《论六家要旨》在中国学术史上第一次明确了"家"的概念，并在先秦以来学术系统研究的基础上归纳出六大主要流派，即"六家"——阴阳、墨、儒、名、法、道。由此可见司马谈深邃的历史观察和判断分析的能力。《论六家要旨》也具有重要的社会实践价值，即在于它着眼于各家学说对国家社会的作用。统治者如能弃六家之所短而取其所长，定能在国家治理中取得成功。事实上，汉武帝即位后，摒弃黄老之学，独尊儒术，说不定正是对这一现象的解释和体现。

《论六家要旨》是一篇在中国学术史上产生重大影响的著名文章，直到现在也是我们研究学习古代思想学术史的必读篇章。

公元前140年，汉武帝刘彻即位，开始了长达六十余年的文治武功的统治时期。这时，汉朝已经过了汉初七十余年的恢复和发展期。诸侯国割据逐步解决，中央集权大大加强，国力得到充实。从汉武帝初年，司马谈做了太史令，直到武帝元封年间，司马谈一直担任史官。在这期间他进行了大量的历史撰述工作，留下了丰富的历史学著作材料。

武帝元封元年（公元前110年），武帝东巡，举行了旷古未有的封禅大典。

司马谈滞留洛阳，未能从行，"故发愤且卒"，愤恨而终。司马迁出使归来，"见父于河洛之间"，司马谈流着眼泪将后事嘱托于司马迁。"余先周室之太史也。自上世尝显功名于虞夏，典天官事。后世中衰，绝于予乎？汝复为太史，则续吾祖矣。今天子接千岁之统，封泰山，而余不得从行，是命也夫，命也夫！余死，汝必为太史，为太史无忘吾所欲论著矣。"可见，司马谈未能从行封禅与未能完成著史的愿望是遗恨终身的，并将论著历史的夙愿和理想留给了司马迁。但司马谈在世之时已做了不少撰史工作，为《史记》的写作奠定了很好的基础，后来都被司马迁编进了《史记》之中。对于司马谈所做的贡献，后世所给予的评价是很高的。杨燕起先生曾说："司马谈为《史记》撰写所付出的长期心血和艰苦劳动，仍是人们永远纪念的。故此，司马贞在《史记索隐序》中明确肯定：'《史记》者，汉太史令司马迁父子之所述也。'"司马迁子承父业，著称于史坛。

(三) 少年显才

司马迁，字子长，汉左冯翊夏阳（今陕西韩城）人。生于汉景帝中元五年（公元前145年，或说生于武帝建元六年，即公元前135年），卒于武帝晚年，大约活了五十多岁。

司马迁幼年时在家乡生活，"耕牧河山之阳"，在这"山环水带，嵌镶蜿蜒"的自然环境里成长，既被山川的清新之气所陶冶，又对民间生活有一定体验。10岁左右，跟随父亲到京师长安，开始研读古文。入京师后，向大儒孔安国学习古文《尚书》。《尚书》有今文古文之分，这还要从秦始皇焚书坑儒说起。秦始皇焚书时，济南有一位名叫伏生的博士，将《尚书》藏在家中才躲过了秦火之厄运。到汉文帝时征引《尚书》，听说伏生收藏有此书，于是文帝派晁错前往济南，由伏老口传，晁错笔录，得二十九篇。由

于晁错是用隶书书写的，所以这部书就称为《今文尚书》。景帝后元二年(公元前141年)，鲁恭王扩建宫室，损坏了孔子旧宅，在墙壁的夹层中发现了《尚书》数十篇，为孔安国所得。这部书比《今文尚书》多出十六篇，称为《古文尚书》。

司马迁向孔安国学习的就是《古文尚书》，本书既包括进一步接受古典语言文字学的训练，又包括学习《古文尚书》的注解。司马迁有着这方面的素养，加上勤奋学习，所以学识日益丰富。同时，孔安国的思想也深深地影响着司马迁。

司马迁还师从董仲舒学习《春秋公羊传》，董仲舒是他的第二位老师，是汉代著名思想家，今文经学大师，景帝时《春秋》学博士，学问精深，弟子众多，曾经在家读书，三年未尝跨入自家后花园一步，有"三年不窥园"的美誉。董仲舒的思想，对司马迁的影响是巨大的。董仲舒对待《春秋》的态度，以及公羊学说的历史观和天人学说，都深深影响着司马迁。但是司马迁对董仲舒的思想并不是全盘接受的，而是有继承，有舍弃，并进行批判性地改造。

除此之外，司马迁还博览六艺、百家杂语，又从名师受业，靠着自己的勤奋，他从父亲司马谈那里学到了天文、星占、卜筮和黄老学说。从孔安国那里，他学到了古文学和用今文解说的《古文尚书》，还有属于古文学派的其他古籍。从董仲舒那里，他又学到了以《春秋公羊学》为轴心的今文学派理论。于是，年甫弱冠的司马迁便成为通晓当时主要学问的青年学者。司马迁自己也说道："年十岁则诵古文。"小小年纪就显示出如此才能，非常人能够相比，可谓神童。管子曾说过：一个人只有不间断地学习，才有可能成为圣人。司马迁正是这样的人。司马迁晚年回忆起这段时光写道："仆少负不羁之才，长无乡曲之意。"可见他少年时代才气横溢，性情不羁，人们对他的杰出才能是给予认可的。

建元二年（公元前139年），汉武帝在他母亲的原籍槐里县(今陕西兴平县东南)的茂乡，建造自己的陵园，并把茂乡改为一个县，叫作茂陵(今陕西兴平县东北)。第二年，他鼓励人民移住茂陵，移住的每户给钱二十万，田两顷。并在长安城北面西头的一个门——便门外，造便门桥，横跨渭水之上。茂陵在长安西北八十里，便门桥在长安西北四十里，长安人出便门，经便门桥，往茂陵，一路直达，很方便。于是茂陵成为一个新的名胜区域。

元朔二年（公元前127年），汉武帝为了加强对封建王朝的统治，听信了大臣主父偃的计策——将天下豪强、乱民都迁徙到茂陵，这样既可以削弱奸猾之人，同时又可以捍卫京师。因此，汉武帝迁徙天下郡国豪杰及家产在三百万以上者往茂陵。于是茂陵不仅成为皇家贵族的游园别墅，而且还成为封建王朝管制豪强的区域。轵县(今河南济源县)人游侠郭解，本来家贫，不合迁徙的规定。但郭解在民间名声很大，因此地方官吏不得不点名要他家迁居。大将军卫青给郭解讲情，说郭解家贫，不合迁徙的条件，汉武帝说："一个老百姓能够使大将军帮他讲话，他的家一定不穷。"于是，郭解最终举家前往茂陵。司马迁大概在这个时候见过郭解，并且对他印象很深。

在武帝开始鼓励人民、继而强迫豪强迁往茂陵的形势下，司马迁的家庭不知在哪一年，更不知由于什么原因，也搬到茂陵来了。可能在茂陵初建的时期，司马谈到长安做官，因为侍从武帝的缘由，就已经家徙茂陵，也可能是在元朔以后徙家茂陵的。因为这时，迁徙茂陵已经成为封建王朝的政治压迫，司马迁虽然不是郡国豪强，却是王朝官吏，为了职务上的方便，也就徙家茂陵了。因此，茂陵显武里成了司马迁的新籍贯。后来到了太始元年（公元前96年），司马迁50岁的时候，汉武帝又一次迁徙郡国豪强六万一千零八十七户，人口二十七万七千二百七十七人到茂陵和云陵（今陕西淳化具北），约占右扶风二十一县户口的三分之一，这时茂陵已成为一个以贵族和豪强集中为特征的著名城市了。

二、从仕之途

（一）遨游南北

大约 20 岁的时候，司马迁开始外出游历，考察民情，询问典故，他足迹遍布长江中下游和山东、河南一带。如史书记载："南游江、淮，上会稽，探禹穴，窥九疑，浮于沅、湘，北涉汶、泗，讲业齐、鲁之都，观孔子之遗风，乡射邹、峄，厄困鄱、薛、彭城，过梁楚以归。"这其中的每一个地方都有着吸引人的故事。司马迁从京师长安出发，向南进发，出武关（今陕西商县东），经南阳（今河南南阳），到了南郡（今湖北江陵），渡江辗转汨罗江畔，凭吊爱国诗人屈原。

大诗人屈原的故事可谓家喻户晓、妇孺皆知。屈原是中国最伟大的浪漫主义诗人之一，也是我国已知最早的著名诗人和伟大的政治家，他生于楚国贵族家庭，早年受到楚怀王的信任，任左徒、三闾大夫，帮助楚怀王商议国事，治理国家。在屈原的努力下，楚国国力开始增强，但由于自身性格耿直加上他人的谗言与排挤，屈原逐渐被楚怀王疏远。公元前 305 年，屈原因反对楚怀王与秦国订立联盟，被楚怀王逐出郢都，流落到汉北。流放期间，屈原感到心中郁闷，开始文学创作，在其作品中洋溢着对楚地楚风的眷恋和为民报国的热情。公元前 278 年，秦国大将白起挥兵南下，攻破了郢都，屈原在绝望和悲愤之下怀抱大石投汨罗江而死。这位品格卓越、才华盖世的伟大诗人临死前留下了"众人皆醉我独醒，举世皆浊我独清"的豪迈之言。屈原作品文字华丽，想象奇特，比喻新奇，内涵深刻，成为中国文学的起源之一。至今人们还深深怀念这位伟大的诗人。

屈原一生的事迹也深深震撼和撞击着司马迁的心灵，使他不由自主地想到了当下社会。文帝时有位大才子名叫贾谊，由于他才华横溢、多方崭露头角而被同僚排挤，后被文帝贬为长沙王太傅。其著名的《吊屈原赋》正是借此来释放心中的悲哀的，也暗示了他的遭遇与屈原有相似之处。

　　之后司马迁游历到湘江上游的零陵郡（汉武帝元鼎六年始置）内，这里有九嶷山。九嶷山山势绵延，横跨数郡（郡是秦汉时期的行政单位，约相当于今天的省），共有九座著名的山岭，因山岭不同，形势相似，游人来此，极容易疑惑迷路，所以称为"九疑"。这里相传是虞舜埋葬的地方，司马迁来到这里寻访虞舜的遗迹，寄托他的哀思。在会稽山，司马迁又祭拜了大禹。相传，大禹治水时，三过家门而不入，最后死在会稽这个地方。另外，会稽一带还是吴、越故地，吴王阖闾和越王勾践的故事仍广为流传。这大概也是"窥九疑，浮于沅、湘"的缘由，司马迁徜徉于历史与现实的游弋之中，深深感慨和体会了历史从过去走来和将向未来走去的道路。然后司马迁又来到了齐、鲁之都——孔子的故乡，儒家文化的发源地，这使司马迁心潮澎湃、激动异常。受到当时时代风气的影响，后来他在《孔子传》中写道："《诗》有之：'高山仰止，景行行止。'虽不能至，然心乡往之。余读孔氏书，想见其为人。适鲁，观仲尼庙堂、车服、礼器，诸生以时习礼其家。余低回留之，不能去云。更天下君王至于贤人众矣，当时则荣，没则已焉。孔子布衣，传十余世，学者宗之。自天子王侯，中国言六艺者折中于夫子，可谓至圣矣！"由此可见，司马迁对孔子是非常尊崇的，孔子也是中古文化中公认的圣人。离开鲁国文化圣地后，司马迁又来到了齐国国都临淄，学习了饮酒、射箭的礼节，还游历了孟尝君的封地——邹县以南的薛城。孟尝君是战国时期齐国公子，以养士著称。据说，他在薛邑，招揽宾客以及犯罪逃亡的人，很多人归附了他。孟尝君宁肯舍弃家业也要给他们丰厚的待遇，因此天下的贤士无不倾心向往。他的食客有几千人，待遇不分贵贱。孟尝君每当接待宾客，与宾客谈话时，总是在屏风后安排侍史，让他记录自己与宾客的谈话内容，记载所问宾客亲戚的住处。宾客刚刚离开，孟尝君就派使者到宾客亲戚家里抚慰问候，献上礼物。有一次，孟尝君招待宾客吃晚饭，有个人遮住了灯烛，那个宾客很恼火，认为饭食的质量肯定不相等，放下碗筷就要辞别。孟尝君马上站起来，亲自端着自己的饭食与他的相比，那个宾客惭愧得无地自容，就以

刎颈自杀表示谢罪。因此贤士们有很多人都情愿归附孟尝君。孟尝君对来到门下的宾客都热情接纳，不挑拣，无亲疏，一律给予优厚的待遇，所以宾客人人都认为孟尝君与自己亲近。司马迁离开薛城后，来到了彭城（今江苏徐州市）。这是楚霸王项羽的都城，是楚汉战争的战场。司马迁对项羽的英雄气概十分敬仰，对他的遭遇又很感叹。从彭城向西北走，到了刘邦的故乡——沛县。高祖刘邦从起兵到立汉，期间的许多故事都成为历史典故。楚汉战争时，项羽曾以三万精兵击败了刘邦五十万大军，而最终汉高祖却战胜项羽，建立汉朝。司马迁来到这里考察，收获也很大。他说，"吾适丰沛，问其遗老。观故萧、曹、樊哙、滕公之家，及其素，异哉所闻！"可见，他对刘邦时期的人物也非常感兴趣，这些人都出身于社会下层，在社会变动中辅助刘邦，最终成为一代功臣将相。

司马迁游历的最后阶段，迁"过梁楚以归"。大梁即今天的河南开封市，战国时期是魏国都城。魏国也是当时的强国，最后被秦吞并。说到魏国，这里还有著名的战国四大公子之一——信陵君。而信陵君窃符救赵的故事也是家喻户晓的。

司马迁离开大梁后，沿黄河西行，经洛阳、函谷关后回到长安。这次长途旅行，是一次壮举，也是司马迁学习和实践的过程。他游历了祖国的大好河山，接触了各地人民，考察了历史事迹，开阔了胸襟，其收获丰富而宝贵，为他以后的历史著述提供了基础和大量帮助。

（二）入仕郎中

司马迁在漫游之后，大约在公元前 112—公元前 116 年间做了郎官。郎官相当于帝王侍从，一般都由比较年轻的人担任，其职责为护卫陪从、随时建议、备顾问差遣等，一直沿用到清朝。在汉代，郎官是很重要的职位，可以理解为皇帝的护卫，其中有议郎、中郎、侍郎、郎中等，没有规定数额，最多至上千人。一般说来，官员要想提升，就要先做郎官。汉代的郎官都是在贵族子弟中

中国古代著名文臣

选拔的优秀人才，说是在皇帝身边做侍卫，实际上是学习做官、增加阅历，一般经过一段时间的历练，都会被任命正式的行政职位。像曹操、袁绍都是做郎官出身。郎官在宫廷内部、皇帝身边，平时是很风光的。而一旦由内廷外调，往往为"长吏"。所以郎官是富贵子弟追求仕进的目标。虽然司马迁也做郎中，但只是地位最低的小郎官，可是由一个普通朝廷官员的儿子成为皇帝身边的亲信，以及到后来成为太史令，却说明了仕途的坎坷艰辛，也证明司马迁的才能有了用武之地。但究竟是何原因使得司马迁成为郎官，史书中没有记载，我们也无从知晓，只能从相关记载中推知一二。元朔五年（公元前124年）丞相公孙弘建议为博士置弟子员，博士弟子受业一年，进行考试，能通一艺以上者，有资格充任郎中，从而为贫民子弟走上仕途提供了方便之门。司马迁的父亲司马谈为太史令，秩六百石，不是两千石高官，但总算是在朝廷做官，在皇帝身边工作。加上司马迁才干超绝，很得武帝赏识，所以，司马迁出仕郎中，可能是两方面因素兼而有之。

司马迁出任郎中时期，他认识了李陵，这是在精神、经历上影响甚至改变司马迁一生的一个人。李陵是李广的孙子。提起李广，人人皆知，其祖先是秦朝将军李信，曾率军战败燕太子丹。李广继承祖传弓法，射得一手好箭。汉文帝十四年（公元前166年），匈奴大举入侵边关，李广以良家子弟从军抗击匈奴。因善于射箭，杀死和俘虏了众多敌人，升为郎中，以骑士身份侍卫皇帝。多次跟随文帝射猎，格杀猛兽，文帝曾慨叹："惜乎，子不遇时！如令子当高帝时，万户侯岂足道哉！"（《史记·李将军列传》）汉景帝即位后，李广为陇西都尉，不久升为骑郎将。吴楚七国之乱时，李广任骁骑都尉跟随太尉周亚夫抗击吴楚叛军。因夺取叛军帅旗在昌邑城下立功显名。虽有功，但由于李广接受了梁王私自授给他的将军印，回朝后，没得到封赏。在抗击匈奴的战争中，李广做出了杰出的贡献。时人称其为"飞将军李广"。李广有子三人，长子李当户早死，有遗腹子李陵。关于李陵，在下文中将论述。

公元前113年，汉武帝开始巡行郡县，巡行期间，武帝曾多次祭祀五帝。司马迁父子自然都参与了这些活动，他们扈从武帝先后到过夏阳、汾阴、逾陇山、登崆峒、北出萧关（今甘肃固原县东南），和数

万骑骑兵一起打猎于新秦中（在今内蒙古河套一带），然后回到甘泉。在甘泉（今陕西甘泉西南）进行祭祀并建立了泰畤，泰畤就是祭祀天神泰一的祠坛。当时的祭神典礼是由司马谈等人议定的。后来司马迁回忆说："系尝西至空桐（崆峒）。"就是讲这一次侍从武帝西登崆峒山的事。

（三）奉命西征

奉命西征巴、蜀以南，是司马迁青年时代出仕郎中以后所做的第一件大事。此次奉使之游可与二十岁时的壮游相比肩，所以司马迁在《太史公自序》中紧接二十岁壮游之后赫然大书："于是迁仕为郎中。奉使西征巴、蜀以南，南略邛、笮、昆明，还报命。"汉武帝时期，经过了汉初文景之世几十年的恢复和积累，国力大大加强。因此武帝时展开了积极征服四夷的外扩活动。向北讨伐匈奴、西北开拓西域、东北征服夫余、南征南粤、西南征伐夷等等。在对待西南夷的问题上，早在武帝建元六年（公元前135年），就令王恢派遣番阳县令唐蒙进入南越国宣传西汉王朝的政策。唐蒙曾上书汉武帝，请求先派兵征服西南夷的夜郎国，再利用夜郎国的兵士征服当时还没有彻底臣服西汉王朝的南越国。同时，西汉王朝还可以把夜郎国囊括进西汉王朝的版图。汉武帝答应了唐蒙的请求，拜唐蒙为郎中将，于是唐蒙从蜀地的笮关进入了夜郎国，也就是从现在四川的汉源至西昌的这条道路进入了夜郎国。同时带了许多商业物品，一路上使用这些丰富的汉地商业物品来贿赂那些夜郎国中的大小部落，同时又宣传西汉王朝的政策，这使得夜郎国国内的各部落和老百姓欢欣鼓舞。这样，汉军没有使用兵戈，就轻易征服了夜郎国，唐蒙顺势就在夜郎国境内设立了犍为郡。这个犍为郡后来号称三蜀之一，是西汉王朝的益州三大汉郡之一。汉武帝屯田西域，西域的葡萄、核桃、石榴、蚕豆等传入中国，西域的音乐也对中原的音乐产生了深远的影响。汉武帝时期，出使西南的还有一位有名人士，即司马相如。司马相如最为人知的是他作为文学家的一面，著名的《长门赋》就出自他的手笔。

汉赋是在汉代涌现出的一种有韵的散文，它的特点是散韵结合，专事铺叙。汉赋的内容可分为五类：一是渲染宫殿城市；二是描写帝王游猎；三是叙述旅行经历；四是抒发不遇之情；五是杂谈禽兽草木。而以前二者为汉赋之代表。赋是汉代最流行的文体，在两汉四百多年间，一般文人多致力于这种文体的写作，因而盛极一时，后世往往把它看成是汉代文学的代表。

《长门赋》的创作背景是这样的：汉武帝时，陈皇后（成语金屋藏娇的主人公）被贬至长门宫（冷宫），后来她命一个心腹内监，携黄金千斤，请大文士司马相如代作一篇赋，写自己深居长门的哀怨。司马相如于是挥毫落墨，洋洋洒洒作了《长门赋》。这篇赋完成以后，陈皇后命宫人日日传诵，希望武帝听到后回心转意。《长门赋》虽是千古佳文，却终究挽不回武帝的旧情。到了其祖母窦太后死后，陈氏寥落悲郁异常，不久也魂归黄泉。

司马相如不仅是大文士，还擅奏古琴，实在是难得的才子，汉武帝时他奉命两次出使西南夷，他所作的《难巴蜀父老书》是当时诠释西汉王朝扩张边疆边民的一篇宏文。在唐蒙、司马相如等出使西南夷后，西南地区逐步稳定下来。为了进一步巩固汉王朝对西南地区的统治，元鼎六年（公元前111年），汉武帝再次派出司马迁出使西南。司马迁当时由长安启程，大概南出汉中，经蜀郡到沈犁郡。这就是司马迁在《太史公自序》中所写"奉使西征巴、蜀以南，南略邛、笮、昆明"。时年司马迁35岁，这次出使，司马迁收获了很多，了解和体会了西南地区的地理、物产、民情、风俗，这对他后来写《货殖列传》等有很大的帮助。到这时候为止，司马迁足迹已遍及祖国的大江南北。

三、著书之路

（一）扈从封禅 负薪塞河

继西南夷和南越之后，分布在今福建的一支越族——闽越也归附了汉王朝。从秦末汉初以来，常常侵袭汉朝北方边境的强敌匈奴，经过元朔二年（公元前127年）、元狩二年（公元前121年）、元狩四年（公元前119年）三次关键性的战役，终于被汉军逐出漠南，逐渐向西北迁徙，匈奴对汉的威胁基本上解除了。这样，汉王朝就达到了全盛时期，使得武帝很有理由设想进行封禅大典的事了。

武帝元封元年（公元前110年），司马迁回到长安，这时汉武帝正在举行封禅大典。封禅是古代帝王为祭拜天地而举行的活动。封禅，封为"祭天"（多指天子登上泰山筑坛祭天），禅为"祭地"（多指在泰山下的小丘除地祭地），"封禅"即古代帝王在太平盛世或天降祥瑞之时祭祀天地的大型典礼。汉武帝时，中央集权大大加强，四方少数民族得到有效治理，为了夸耀这一文治武功，昭示自己受命于天，在臣下的劝谏下，武帝准备亲往泰山封禅，并决定仿效古人，先"振兵释旅，然后封禅"（《汉书·武帝纪》）。据《史记·孝武本纪》说，汉武帝即位之初，就有人主张封禅。武帝本好儒术，经赵绾、王臧等人的议论，也不觉动心。于是准备立明堂朝见诸侯，并起草了巡狩、封禅、改历法、服色等制度。但是，当时窦太后还掌握着大权，窦太后不喜儒术而尊崇黄老，因此，对赵绾、王臧不满，结果赵、王二人被迫自杀，封禅之事被搁置。一直到元封元年（公元前110年）才正式封禅泰山。当年三月，汉武帝率群臣北巡朔方，耀威塞外。然后东巡海上，接着就东上泰山，派人在岱顶立石。四月，自定封禅礼仪，封禅结束后，汉武帝在明堂接受群臣的朝贺，并改年号元鼎为元封。武帝即位是年号为建元，至此元封共有六个年号，每个年号皆六年。元封的封，自然是封禅的标志。

当武帝正在进行封禅的时候，司马迁从西南回到长安，没有见到武帝。于是赶到洛阳，见到了重病在身的父亲司马谈。司马谈侍从武帝封禅，因为有病在洛阳滞留。司马谈身为太史令，有责任记录国家大事，现在却因病不能亲自参加国家的封禅大典，感到十分的失望和悲哀。在生命的最后一刻，他拉着司马迁的手，将后事托付给司马迁，并且说道："今天子接千岁之统，封泰山，而余不得从行，是命也夫，命也夫！余死，汝必为太史，为太史无忘吾所欲论著矣。"可见，司马谈希望儿子司马迁继承史官事业，完成他正在进行的著史之事，把家族事业发扬光大，扬名后世，以显父母。司马迁深为父亲的言语所感动，在床榻前流泪表示：一定要继承父亲遗愿，"请悉论先人所次旧闻，弗敢阙"（《太史公自序》）。

封禅的第二年，元封二年（公元前109年）出现了负薪塞河事件。方士公孙卿报告说："东莱山上神人出现，好像想见天子。"武帝听罢十分兴奋，即以公孙卿为中大夫。于是武帝东巡至东莱，留宿数日，也没看见神人，隐约看见有巨人的足迹。武帝觉得出巡无名，这时又久旱无雨，于是又祈祷于万里沙神祠，祭祀了泰山。然后就亲临濮阳（今河南濮阳县西南）的塞河工地。

原来早在元光三年（公元前132年）的五月，黄河在濮阳瓠子决了口，东南注入巨野（今山东巨野县），入淮泗，使十六郡人民受到灾害。当时武帝曾命汲黯发动十万人堵住决口，可是没有堵牢，还是常常决口。这时贵戚武安侯田蚡为丞相，他向武帝说："江河决口都是天命所决定的，不要强以人力去修堵。即使堵住了，也未必是上天的意思。"武帝听了田蚡的话，停止了瓠子的堵堤工程。二十多年来，这个黄泛区就不断地发生灾害，年成很少丰收。直到举行封禅，在各处祭祀山川，武帝才又想起这件事来。大概他在此次东巡海上之前，已命汲仁、郭昌征发民工数万去塞瓠子了。这时武帝亲临濮阳的塞河工地，先举行了祭河礼，将白马玉璧沉到河中，然后命文武侍从百官，都去背柴，参加塞河工作。决口处先用竹子一排一排地打下桩，然后填上土石和柴草。这时是春天，因柴草缺乏，工程进行得很困难。武帝深怕这一次塞河又不成功，于是就用当时流行的楚歌体，作了两首悲壮苍凉的《瓠子歌》，为自己徒劳无功、愚惑人民的

汉武帝像

行为进行辩护。在武帝的亲临督责下，文武侍从都参加了劳动，数万大军也得到一定鼓舞，多年为害的瓠子决口终于堵塞住了。为了纪念塞河工程的完成，武帝还在瓠子新堤上建筑了一座宫殿，命名为宣房宫。

司马迁当时也参加了负薪行列。武帝的《瓠子歌》，也使他深受感动。他的《河渠志》就是在这一事件的直接影响下写出来的。

（二）为太史令 改历著述

司马谈逝世后的第三年，即元封三年（公元前108年），司马迁任太史令，这是他从事著述事业的起点。任太史令期间，司马迁开始整理史料，为他伟大的理想开始了奋斗的旅程。但同时，他要和做郎中时一样，继续侍从武帝。不过太史令的职务比较固定，比如筹备天地山川等的祭祀典礼。到了太初元年（公元前104年），司马迁倡议并主持了改历工作。当时，改历工作是封建王朝建立后改换旧制度的一个重要部分。战国时期，就流行着齐人邹衍最初倡议的五德终始说。这种学说企图说明：历史上的改朝换代是不断反复的现象，是由客观世界中木、火、土、金、水五种物质力量规律性地前后替代而决定的。这五种物质力量叫做五德，它们的不断替代、反复循环，叫做五德终始。谁要是得到五德中的一德，谁就是受命于天，应该作为一个朝代的统治者。汉兴以来，一直沿用秦的《颛顼历》，因此早有改正朔的必要。司马迁为太史令后，已经注意到了整理历法，到了元封七年，他就和太中大夫公孙卿、壶遂等上书从改正朔的实际需要出发，要求改历法。于是武帝任命司马迁、公孙卿、壶遂和侍郎尊、大典星射姓等共同制定汉历，废除已不适用的颛顼历，改用比较精确的太初历。

颛顼历是秦始皇统一中国后推行于全国的一种历法，以十月为岁首。自秦始皇二十六年至汉武帝太初元年共推行了一百一十七年，但《颛顼历》有一定的误差。公元前104年，天文学家落下闳、邓平等人制订了《太初历》。《太初历》规定一年等于365.2502日，一月等于29.53086日；将原来以十月为岁首改为以正月为岁首；开始采用有利于农时的二十四节气；这是我国历法上一个划时代的进步。《太初历》不仅是我国第一部比较完整的历法，也是当时世界上最先进的历法，它问世以后，一共延用了一百八十九年。

汉代史官的主要职责有两个，一为司天，二为记事。因此司马迁对修改历法非常重视，认为这是自己平生最值得做的两大重要事业之一。在《史记·太史公自序》中，特别说道："五年而当太初元年，十一月甲子朔旦冬至，天历始改，建于明堂，诸神受纪。"司马迁由郎官而升为太史令，也就由外廷转到了内廷，由皇帝身边的侍从官员变成了封建官僚系统中普通官吏的一员。也正是从任太史令开始，司马迁开始了伟大工程的建设，开始阅读、整理、收集资料，著述历史了。

改制之后，那种太平盛世的气氛，使司马迁仿佛感觉到：作为孔子的一个继承人，著作《春秋》那样一部史书的时候到来了。事实上，此时他也具备了撰述史书的主客观条件。

首先，汉武帝时代的社会条件需要撰写一部通史。从经济上来看，由于采取了轻徭薄赋的政策，人民群众有了从事生产的社会环境，到了武帝初年，社会经济逐渐恢复和发展起来。这段时间里，国家太平无事，无水旱之灾，百姓家给人足。农业、商业繁荣发展，财物、粮食累积得非常多。这同汉初那种经济凋敝的情况形成了鲜明的对比。从政治上来说，封建主义的中央集权制度得到了进一步发展。尤其在汉武帝时期，采取了一系列削弱诸侯割据势力的措施，中央集权的封建帝国才算真正完成，国家空前统一。同经济繁荣、政权巩固、国家统一相适应，武帝也进行了一系列的文化建设。而统一帝国也需要有一部规模巨大的历史著作，来记录社会历史发展的全貌，以便为当时的社会发展提供历史的借鉴。

其次，汉武帝时代的西汉社会也为司马迁写这部历史著作提供了充分的条件。一是资料的齐备。司马迁身为太史令，其职责就是保管、整理藏书，这就为编写历史巨著提供了非常优越的资料阅读、收集等条件。二是属于国家政典或其他形式的文书档案，多已公布于世，在社会上有一定影响。

就这样，封建国家出现了空前统一的

局面，政治、经济、文化，都有了进一步的发展；但同时封建统治阶级对广大人民的压迫、剥削也日益严重和残酷，阶级矛盾和统治阶级内部的矛盾也不断地深化和复杂化。清理古代历史文化并记载秦汉以来的近代历史，是适应当时统治阶级的现实要求的。司马迁对父亲司马谈的遗言记得很清楚："周公死后五百年而有孔子，孔子死后到现在又有五百年，是应该有人继承孔子，作一番述作事业的时候了。"因此，他觉得他有责任担当这种事业。

　　这时和司马迁一道参加改田工作的上大夫壶遂，曾问司马迁："当日孔子为什么要作《春秋》呢？"司马迁首先根据老师董仲舒的议论回答说："当日孔子见天下混乱，知道自己的道理行不通，就在二百四十二年的事件之中表明是非，作为天下后世的是非标准，空口说道理，还不如用事实来说明白有用。"接着他就以董氏一派春秋家的雄辩姿态，竭力赞扬了《春秋》的作用。认为《春秋》不是一部简单的大事记，而是封建统治阶级的一部政治道德全书。

　　之后，壶遂又冷静地问道："孔子当日不遇明君，到处碰壁不被任用，最后没有办法才作《春秋》，从文辞记事中表明礼义，以垂后世，作为一个新王的法律。至于现在，你已经遇到了圣明天子，得到了一定的官职，天下万事都是有条有理，各得其当的，足见已有王法了。你要续作《春秋》，究竟想要说明什么？"壶遂的这一反问，确实有道理。因为过分强调《春秋》对乱世的作用，而司马迁又要续作《春秋》，那就无异于说当今不是什么太平盛世，而是一个乱世了。司马迁也知道片面强调孔子作《春秋》对乱世的作用是不完全的、有问题的。于是司马迁就以谦虚的态度说："你的话很对。但是你还没有完全了解我的意思。我记得先父曾说过，伏羲那样淳朴，也作过《易》，尧舜的盛德明载于《尚书》，汤武的兴隆有诗人歌颂。孔子作《春秋》，本来有两方面的作用，采善贬恶，推求三代之德以褒扬周室，并非仅仅是讥讽。汉兴以来，至当今天子，出现了瑞符，举行了封禅，改换了制度，受命于天，恩泽遍施。我现在是史官，废弃盛德而不记载，绝灭功臣、世家、贤大夫的事业而不论述，忘记先人的遗言，这是莫大的罪过。我的计划不过是叙述故事，把杂乱的异闻传说整齐化、系统化而已，并不是什么创作，而你比之于作《春秋》，那是不对的。"通过与壶遂的谈话，司马迁著述的意志更加坚定了。

他除了继父志而修史外，对《春秋》深刻的认识和对现实史学需要的迫切感受，同样促成了《史记》的写作。司马迁认为六经各有其功用和特点，但六经之中最重要的是《春秋》。他说："《春秋》往上阐明了三王之道，往下辨明了人事纲纪，是礼仪之大宗，王道之大者。"他把《春秋》的性质与功用阐述得很透彻，是因为他有着独到的眼光。

因为对六经有全面的认识，他认同父亲确定了撰述原则："绍明世，正《易》传，继《春秋》，本《诗》《书》《礼》《乐》之际。"即"著天地阴阳四时五行，故长于变"的《易》为历史考察的指导，参照《诗》《书》《礼》《乐》所阐发的原则，著成一部像《春秋》那样的历史巨著来。这个目标也使得《史记》有了很高的撰述起点，保证了它的成功。而当时的时代条件，也为司马迁著述《史记》提供了保障。当时汉朝已建立百余年，而武帝时在巩固大一统政权方面又取得了伟大的历史成就，客观上也需要把这一历史记录下来，完成宣扬大汉之威的历史使命。而对此，他也有自觉的意识。就在完成改历这一年，即太初元年，司马迁开始了著述工作。这一年他 42 岁。

（三）李陵之祸 发奋著书

汉武帝太初元年（公元前 104 年），42 岁的司马迁开始着手撰述《史记》。他见博识广，精力充沛，废寝忘食地工作着。然而，有思想有个性同时又是朝廷官员的他也置身于现实社会错综复杂的人际关系之中。

司马迁从太初元年开始撰写《史记》，经过七个寒暑，到天汉三年（公元前98 年），"太史公遭李陵之祸，幽于缧绁"，蒙受了极大的冤屈，这其中与一个人物直接相关，就是李陵。

李陵，字少卿，陇西成纪（今甘肃静宁南）人，西汉名将，李广之孙。李陵之父是李广长子李当户，李当户早死，李陵为遗腹子。李陵成年后，被选拔为建章宫羽林军的长官，他擅长射箭，十分爱护手下的士兵。汉武帝因李家世代为将，便让他带领八百骑兵。李陵曾带兵深入匈奴腹地两千余里，侦察地形，但没

有发现敌人。后又被任命为骑都尉，率丹阳郡的楚兵五千名，在酒泉、张掖一带教练射术，以防备匈奴。天汉二年（公元前99年）秋，汉武帝遣贰师将军李广利率领骑兵三万出酒泉（今甘肃酒泉县），击匈奴右贤王于天山，同时，又想派李陵从张掖赶回来（今张掖县西北），为李广利军监护辎重。李陵却表示愿率所部五千人直捣单于主力。武帝对他的英勇大加称赞并应允了他。李陵率五千名弓箭手从居延北出发，不久匈奴且鞮侯单于以三万骑兵围困李陵军于两山之间。汉军以辎重车为营，布阵于营外，前列士兵持戟盾，后列士兵持弓箭。匈奴见汉军人少，便向汉军进攻，结果遭到汉军千弩急射，匈奴兵应弦而倒，被迫退走上山，汉军追击，杀数千人。单于大惊，急调左右部八万余骑攻打李陵，李陵且战且退，士兵伤重者卧于车上，伤轻者推车，再轻者持兵器搏战。李陵说："我军士气为何不振？难道有女子充于军中吗？"原来刚出征时，一些关东盗贼的妻子因迁徙而随之行军，藏于车中，后被李陵发现，全部处斩。第二日再战，斩首三千余级。就这样，激战数十次，汉军多数战死。这场战役李陵以步兵与匈奴骑兵抗衡，孤军苦战，充分发挥了远射兵器弓、弩的作用，杀伤匈奴骑兵万余，其战术运用和战役指挥是成功的。但是由于汉军未能对李陵部实施必要的接应和支援，又遭遇匈奴单于主力，实力相差悬殊，最终造成李陵全军覆灭。

李陵战败的消息很快传到武帝那里。武帝得知李陵投降便大发雷霆，责问陈步乐，逼得陈步乐无话可说，只好自杀。朝廷里一班公卿王侯，当李陵未败时，曾对武帝庆幸恭维，这时听说李陵败了，也只好都说李陵有罪。司马迁之前与李陵一起做过官，可以说是同事，但与他谈不上深交。武帝于是问太史令司马迁，司马迁直言："李陵这个人非常讲究忠孝，与士兵关系也非常亲近，对国家之急常常奋不顾身。现在李陵大败，是因为只有五千精兵，且与单于主力相遇，还要照顾伤员，在这种情况下还转战数千里，与敌人战斗到最后，实在是不容易，虽败，但还是值得赞扬的。"司马迁怀着一颗公道的心，为李陵说了几句好话，没想到武帝勃然大怒。这样说无形之中就贬低了贰师将军李广利，当时李广利由于李夫人的关系正得武帝宠爱，司马迁这番话无疑惹怒了武帝。就这样，司马迁被下狱，他的"款款之愚"和"拳拳之忠"，无法向武帝表白。

李陵在匈奴一年有余，武帝派公孙敖率兵入匈奴，后无功而还，公孙敖说："我听说李陵教单于练兵以防备汉军，因此我无果而归。"武帝听说，将李陵母弟妻子全部诛杀，陇西士大夫都以李氏为愧，李氏的名声由此败落了。后来，汉遣使出使匈奴，才弄清事情真相，原来为匈奴单于备兵的不是李陵，而是李绪。李绪本为汉塞外都尉，居奚侯城，后来投降匈奴。李陵倍感悲痛，又无法归汉，于是才投降了匈奴。

李陵在塞外蒙冤而投降的同时，汉廷内部司马迁也因此事下狱。按照汉朝的规矩，即使死刑，也可以用钱赎罪，或者找人说情，也可以得到宽恕。然而，司马迁一条也不具备。他不仅没钱，也无一人肯为他讲话，包括他的那些朋友，因此，摆在他面前的只有两条路：死或者受宫刑。司马迁在给好友任安的信中曾说道："家贫，财赂不足以自赎，交游莫救，左右亲近不为一言。"（《报任安书》）亲友无人能够帮助他，时年四十余岁的司马迁，遭此不测之命运何尝不想一死了之。但是，人死"或重于泰山，或轻于鸿毛"，死的价值何在？自己对良心和公正都没有违背，怎么就能这样死去！他以为"太上不辱先，其次不辱身，其次不辱理色，其次不辱辞令，其次诎体受辱，其次易服受辱，其次关木索被箠楚受辱，其次鬄毛发婴金铁受辱，其次毁肌肤断支体受辱，最下腐刑，极矣"。人是有尊严的，他想起"西伯拘而演《周易》；仲尼厄而作《春秋》；屈原放逐，乃赋《离骚》；左丘失明，厥有《国语》；孙子膑脚，《兵法》修列；不韦迁蜀，世传《吕览》；韩非囚秦，《说难》《孤愤》；《诗》三百篇，大氐（抵）贤圣发愤之所为作也。"述往事，思来者，这些人都是在遭遇不幸后发愤著书，以鸣其不平于天下后世的。而自己有著史的使命在身，因而必须活下去！"就极刑而无愠色"，他选择了残酷而耻辱的腐刑。从此，他写作的信念更加坚定，同时受封建社会帝王权势所摧残的现实感染，在著史过程中也有所流露。

李陵被俘了，司马迁受了刑。汉家朝廷上自然是持"罪者李陵"意见的这类人获得了胜利。而这些意见的持有者，也至少有相当一部分是司马迁指责的"全躯保妻子之臣"。在今天，明哲保身可以是一种批评，然而在古代，这却是儒家主张的做人的高境界。

司马迁出狱之后，大概在太始元年（公元前 96 年）

左右，做了职高位尊中书令。中书令负责把皇帝的命令下达到尚书，也把尚书的奏折转呈给皇帝。从此以后，司马迁以一个宦者的身份，在内廷侍候，更接近武帝了，好像"尊宠任责"。但他除了坚持他的著述工作以外，对朝廷内外的一切事务，已经毫无兴味，因为他的内心忍受着病苦的煎熬和无限的愤恨。他的旧友益州刺史任安写信给他，用古贤臣的标准要求他。在他的回信——那封有名的《报任安书》里，司马迁把他因李陵事件而得祸的经过和蒙受的莫大耻辱，以及所以"隐忍苟活"而不能"推贤进士"的苦心，悲凉沉痛地呈献在故人面前，这里包含着深重的愤郁感情。在这封信里，司马迁说："近年来，我不自量力，也把自己的思想表现在浅薄的文章里，搜罗天下散失的遗闻旧事，考核历史事实，研究事业成败的原因，探索朝代兴衰的道理，一共一百三十篇，也想用它来反映社会关系，通晓从古到今的变化，形成一家学说。"这样看来，此时司马迁毕生努力的著述工作已经基本完成，这是他的理想、血汗和坚忍不拔的精神的结晶。这一年，司马迁53岁。

司马迁终其一生，游历南北、出使西南、扈从封禅，做过郎中、太史令、中书令三个官职。在汉王朝的官僚系统中，这些官职的地位虽然不高，但也是由于这些官职，使他更为广泛地接触到了广大人民，认识了许多师友和著名人物，看到了封建王朝从内廷到外廷的官僚政治的面貌和实质。

司马迁有一个女儿，嫁给了官至丞相的华阴人杨敞，生二子忠、恽。杨恽非常喜爱外祖父司马迁所著的书，也是使之传布的第一人。

四、《史记》之创作

（一）内容及体例

《史记》是中国历史上第一部纪传体通史，全书共一百三十篇，分为本纪、书、表、世家、列传五种形式。成书于约公元前 104 年至公元前 91 年，本来是没有书名的，司马迁完成这部巨著后曾给当时的大学者东方朔看过，东方朔非常钦佩，就在书上加了"太史公"三字。"太史"是司马迁的官职，"公"是美称，"太史公"也只是表明谁的著作而已。班固的《汉书·艺文志》在著录这部书时，改成《太史公百三十篇》，后人则又简化成"太史公记"、"太史公书""太史公传"。"史记"本来是古代史书的通称，从三国开始，"史记"由通称逐渐成为"太史公书"的专名。近人梁启超称赞这部巨著是"千古之绝作"。鲁迅誉之为"史家之绝唱，无韵之离骚"。

《史记》由五体构成：

本纪，实际上就是帝王的传记，因为帝王是治理国家大事的最高首脑，为他们作传记而名之曰"本纪"，正所谓显示天下本体之所在，同时，这也是全书的总纲，是用编年体的方法记事的。在本纪的写作中，司马迁采取了详今略远的办法，时代愈远愈略，愈近愈详。本纪始于黄帝，因为黄帝是中华民族的始祖，又是"正名百物"的祖师。又如将项羽列入本纪，一是楚汉之争时"政由羽出"，一是推崇其人格。

书，是记载历代朝章国典，以明古今制度沿革的专章，如果不是熟悉掌故的史家，是无法撰写成书的。班固《汉书》改称"志"，成为通例。"书"的修撰，为研究各种专史提供了丰富的资料。

表，就是记录大事的年

表，比如六国年表。

世家，是记载诸侯国之事的。因诸侯开国承家，子孙世袭，他们的传记才叫做世家。从西周时的大分封开始，发展到春秋、战国，各诸侯国先后称霸称雄，盛极一时，用"世家"体裁记述这一内容，是非常妥当的。司马迁把孔子和陈涉也列入"世家"，是一种例外。孔子虽非王侯，但却是传承三代文化的宗主，更何况汉武帝时儒学独尊，将其列入"世家"也反映了思想领域的现实情况。至于陈涉，他不但是首先起义反抗秦朝暴政的领导者，而且是三代以来，以平民身份起兵而反抗残暴统治的第一人，司马迁将之列入"世家"，把他的功业和汤流放桀、武王伐纣、孔子作《春秋》相比，反映了作者进步的历史观。

列传，是记载帝王、诸侯以外的各种历史人物的。有单传、合传、类传。单传是一人一传，如《商君列传》《李斯列传》等。合传是记两人以上的，如《管晏列传》《老庄申韩列传》等。类传是以类相从，把同一类人物的活动，归到一个传内，如《儒林列传》《循吏列传》《刺客列传》等。司马迁把当时我国四周少数民族的历史情况，也用类传的形式记载下来，如《匈奴列传》《朝鲜列传》《大宛列传》等，这就为研究我国古代少数民族的历史，提供了重要的史料来源。

据司马迁说，《史记》有本纪十二篇，表十篇，书八篇，世家三十篇，列传七十篇，共一百三十篇。班固在《汉书·司马迁传》中提到《史记》缺少十篇。三国魏张晏指出这十篇是《景帝本纪》《武帝本纪》《礼书》《乐书》《律书》《汉兴以来将相年表》《日者列传》《三王世家》《龟策列传》《傅靳蒯列传》。今本《史记》也是一百三十篇，有少数篇章显然不是司马迁的手笔，汉元帝、成帝时的博士褚少孙补写过《史记》，今本《史记》中"褚先生曰"就是他的补作。其中《武帝纪》《三王世家》《龟策列传》和《日者列传》四篇由汉博士褚少孙补缺。《汉书·艺文志》中记载冯商续补《太史公》七篇，韦昭注说冯商"受诏续《太史公书》十余篇",刘知几认为续补《史记》的不只是褚、冯两家,而有十五家之多。《史记》从著作完成,到武帝太初年间,再到刘向、刘歆父子以及诸多好事者,如冯商、卫衡、扬雄、史岑、梁审、肆仁、晋冯、段肃、金丹、冯衍、韦融、萧奋等相继撰续,直到哀平年间,仍命名为《史记》。《史记》以后的历代正史,除极个别外,都是由朝廷主持、按君主的意志修撰的。而司马迁虽然是朝廷的史官,《史记》却没有体现最高统治者汉武帝的意志。据说武帝读《史记》后,对其中几篇感到愤怒,下令加以删削,这也是有可能的。司马迁写《史记》时秉笔直书,在某些方面,敢于批评朝廷,这是封建统治者所不能允许的。朝廷对《史记》既憎之,又重之,秘不示人,阅读范围仅限于朝廷上层极少一部分人。后来朝廷曾下诏删节和续补《史记》。《后汉书·杨终传》云,杨终"受诏删《太史公书》为十余万言"。被删后仅十余万言的《史记》,在汉以后失传,以后一直流传的是经续补的《史记》。

(二) 实录精神

实录精神,又称秉笔直书,是我国宝贵的史学传统,司马迁写《史记》对此有很好的发扬。所谓秉笔直书,就是史学家必须忠于历史史实,既不溢美,也不苛求,按照历史本来的面貌撰写历史。《史记》明确表示反对那种"誉者或过其失,毁者或损其真"的做法。项羽是司马迁心目中的英雄,因此,司马迁以极大的热情和强烈的爱憎记述了项羽的伟业。但对于项羽的骄傲自大和企图以武力征服天下的致命弱点,司马迁也进行了深刻的批判。对于先秦的法家和秦代的暴政,从感情上司马迁是愤恨的,但他做到了不因憎而增其恶。相反,对法家的改革和秦代统一中国的历史作用,他都给予了充分的肯定。正因为司马迁的实录精神,才使《史记》以信史闻名于世。

班固在《汉书·司马迁传》中引刘向、

扬雄之言，赞扬《史记》："其文直，其事核，不虚美，不隐恶，故谓之实录。"

《史记》的具体内容和特点，试析之如下。

1. 其文直，其事核。

文直事核，是实录的基本精神，也是历史著述最基本的方法。它要求写史者要全面地占有材料，承认客观事实的存在，全面而系统地直书史实，不做任何曲笔或漏略。司马迁写历史，全方位地展现社会生活，他写了各色人物的传记，反映了历史的本真，这是实录精神最直接的反映。忠于实录，从更高的标准来看，它不是记流水账，而是要捕捉典型的历史事件和历史人物，它表现为一个史学家也要有远见卓识，司马迁为项羽、吕太后作纪，为孔子、陈涉、后妃立世家，就是实录精神升华为卓越史识的一种表现。

实录精神要求对具体史实的载述，要符合事实的本来面貌，不能随从流俗和习惯，对讹传的史事要作细致调查和考证。这些方面，司马迁做得很出色，他在许多篇章作出交代，说明所引据的史籍或其他根据。如《五帝本纪》："予观《春秋》《国语》。"《殷本纪》："自成汤以来，采于《书》《诗》。"等等。又如司马迁在五帝、夏、殷、周各篇的"太史公曰"中，对古史的考证作出了说明。写五帝事迹，是综合各种材料然后选择了语言优雅的材料。对夏、殷两代的姓氏，夏禹之崩于会稽，殷人之习俗，周室何时迁居洛邑，都做了认真的考证，可见司马迁作史时的严谨态度。司马迁不从流俗，为苏秦翻案，特在赞中作出交代。他认为苏秦起间巷，连横六国，这是他有过人的智慧。在民间流传中，苏秦行事奇异诡谲，有许多传说神化了苏秦，而在史籍记载中，由于苏秦早死，张仪千方百计诋毁苏秦，使天下人都讥笑苏秦。对苏秦的过誉或过损，都不符合事实，所以司马迁据事迹实录，让读者公断是非。又如《李斯列传》记载秦丞相李斯，他有大功于秦，却遭受五刑而死，天下人都觉得他很冤。司马迁用事实条陈了李斯辅佐秦始皇统一六国、建立制度的功绩，同时又记叙了他因贪重爵禄，与赵高合谋，助二世为虐的罪恶，改变了历史的进程，成为天下的罪人，其死虽惨，固不足惜。从而驳斥了李斯极忠而死的俗议。

轻视妇女，可以说是自古而然的习惯看法。孔子就说过："唯女子与小人为难养也。"司马迁不仅没有蔑视妇女的偏见，而且在他笔下，妇女形象光彩夺目。在《史记》体例中，吕后进入了"本纪"，后妃进入了"世家"。司马迁据史实录，尽管他无情地揭露了吕后在政治斗争中的种种恶行，但并不着眼于女性祸国乱政，而恰恰指出吕后性格"刚毅戾深"，属秦始皇一流人物，具有更深层的寓意。同时，司马迁对吕后执行无为政治带来社会的安定，给予了实事求是的高度评价，也是十分准确的。《外戚世家》中，他首次指出了后妃的辅政作用。司马迁列举的历史事例也是一正一反，把妇女的作用提到了影响国家兴亡的高度，说明历史的发展进程是离不开妇女的。此外，司马迁在人物附传中赞扬了许多不同类型的妇女形象。如汉朝的缇萦和卓文君，就是敢于和封建礼法作斗争的妇女典型；还有春秋时晋国介之推的母亲；再如秦末东阳起义者陈婴母；楚汉相争时被项羽逼杀的王陵母，这些妇女是深明大义，能洞察历史大势的妇女典型。司马迁是中国历史上第一个重视了妇女在社会生活各个领域发挥作用而加以记载的史家。

为什么司马迁能有如此非凡的见识和成就，道理很简单，是因为他贯彻了史家应该具有的实录精神。

2. 不虚美，不隐恶。

这是在文直事核基础上的进一步发展，它要求史家要具有求是存真的高尚品德，不仅要善恶必书，而且要"明是非""采善贬恶"。自觉地表明对史实的褒贬爱恨，而且要做到恰如其分。司马迁明确反对"誉者或过其实，毁者或过其真"的主观臆断。所以司马迁在论述历史人物时，一般不作全盘肯定或全盘否定，而是原原本本讲清楚人物行事的缘由和客观事物变

化发展的因果，依据事实给予恰如其分的评价。例如，司马迁反对秦朝的暴政，却肯定了秦朝的统一之功和制度体系；颂扬汉家统一，却又深刻地揭露和讥讽了汉家帝王的一些隐私和时政；肯定项羽灭秦之功，把他塑造成一个叱咤风云的英雄人物，但也揭露和批判了他的残暴不仁；同情李广，形象生动地描写了他的英勇善战和爱国主义情怀，并给予了高度评价，但并不掩饰其过错；司马迁极其憎恶酷吏，却也肯定了廉洁不枉法的酷吏等等，力求做到尊重客观历史实际。因为只有实录的历史，才能提供真正有益的教训，使历史起到镜子的作用。

综上所述，我们可以看到，司马迁能够"网罗天下放失旧闻"，广泛搜集史料，并对历史资料谨慎地鉴别、选择和使用，致使《史记》不但成为一部贯通三千年历史的百科全书，而且也成了一部信史，一部实录。

五、不朽的丰碑

（一）千古良史

《史记》是中国历史学上一个划时代的标志，是一部"究天人之际，通古今之变，成一家之言"的伟大著作，是司马迁对中国文化特别是历史学方面做出的极其宝贵的贡献。全书包括本纪、表、书、世家和列传，共一百三十篇，计五十二万六千五百字。

《史记》上起黄帝，下至武帝太初（公元前104—公元前101年）年间，全面系统地叙述了我国上古至汉初三千年来的政治、经济、文化等多方面的历史发展，是中国古代历史的伟大总结。

历来评价司马迁，往往都冠以"史学家""文学家""思想家""文献学家"乃至"天文学家"等头衔，这丝毫没有夸大，他是当之无愧的。不过，这位学术文化大师的本色首先是一位伟大的史学家，他以毕生精力完成的《史记》，在我国史学发展史上树立了一座巍峨的丰碑。这主要表现在史学思想和历史编纂学等方面的创新，体现在他作为一名史学家达到了才、学、识、德的高度统一；反映在《史记》中，又做到了事、文、义一体而突出求义，内容和形式完美统一。司马迁之所以成为千古良史，《史记》之所以成为史著的典范，原因就在于此。

作为一名优秀的史家，必须具备才、学、识、德的修养，这是数千年来总结出来的一条基本经验。在中国史学史上，最早系统总结史家修养历史经验的，是唐代著名史学家刘知几，他也认为史学家必须兼有史才、史学、史识三条长处。

他说的"才"，是指史书的表达形式，

包括文字表达和史书编撰形式（文字表达也就是文采）；他说的"学"，是指史家的知识和学问，以及取得知识和学问的能力和途径；他说的"识"，是指研究历史的观点和方法，其中明确包括"善恶必书"的直笔论。叙述历史事件，要想达到事、文、义一体化，就要靠史家的修养，即才、学、识、德的修养。史家要有远见卓识和创新精神，能登高望远，冲破旧传统。如果没有批判创新精神，因循守旧，就难以达到史学的高峰。总之，优秀的史家要有德才学识。其间，才学固然重要，而识以及德，尤其是识，更为重要。"识"主要指见识、见解、眼光，是一个思想认识问题，是一个世界观问题。史家贡献的大小多取决于其史识的高下。

司马迁之所以能成为伟大的历史学家，是他具备了作为一名优秀文史学家的条件，他有超过一般史学家的史才、史学、史识、史德，因此，他自然写出了千古不朽的名著《史记》。

这是我们叙述和评论司马迁史学的基本思路。司马迁及其《史记》对中国史学的贡献是巨大的。总的来说，可以归纳为以下几点：

第一，建立了杰出的通史体裁。《史记》是中国史学史上第一部贯通古今、网罗百代的通史名著。这一点，只要将之与希罗多德的《历史》相比较，就会非常明白。正因为《史记》能汇通古今撰成一书，开启先例，树立了榜样。于是后世仿效这种体裁而修史的也就相继而起了。通史家风一直影响着近现代的史学研究与写作。

第二，奠定了史学独立的地位。在我国古代，史学是包含在经学范围之内而没有自己的独立地位的。自从司马迁修成《史记》以后，作者继起，专门的史学著作越来越多。于是，晋朝荀勖适应新的要求，才把历代典籍分为四部：甲部记六艺小学，乙部记诸子兵术，丙部记史记皇览，丁部记诗赋图赞。从此以后，史学在中国学术领域里才取得了独立地位。饮水思源，这一功绩应该归功于司马迁和他的《史记》。

第三，开创了史传文学传统。《史记》的文采历来为我国文学界所称颂，它开创了我国传记文学的先河。司马迁的文学修养深厚，其艺术手段特别高妙。往往某种极其复杂的事实，他都措置得非常妥帖，秩序井然，再加上他见识高，文字生动，感情充沛，因此，在《史记》这座人物画廊里，我们不仅可以看到历史上那些有作为的王侯将相的英姿，也可以看到妙计藏身的士人食客、百家争鸣的先秦诸子、"士为知己者死"的刺客、已诺必诚的游侠、富比王侯的商人大贾，以及医卜、俳优等各种人物的风采，给人以美的享受和思想上的启迪。

司马迁创造性地把文、史熔铸于一炉，为我们写下了一部形象的历史。所以，鲁迅先生称赞《史记》为"史家之绝唱，无韵之离骚"。正因为如此，在中国古代浩瀚的史学著作中，《史记》拥有的读者量是首屈一指的。

此外，《史记》还贯穿一条重要线索，即重视人的历史作用，这是很珍贵的。司马迁是反天命的，强调人是历史的中心。因此，他在写帝王将相的同时，注意为社会上的各种人立传，尤其是把农民起义的领袖陈胜、吴广，放到与王侯功臣以及封建社会的圣人孔子同等的地位来写。所以在《史记》中，既有战国七雄的世家、萧丞相（萧何）、留侯（张良）的世家、孔子的世家，同时也有陈涉世家。

司马迁也很重视物质生产活动在历史上的作用，把经济状况同政治上的治乱兴衰紧密地联系在一起。他还强调总结历史经验，提出"以史为鉴、鉴往知来"的思想。由于司马迁在历史编纂学上的伟大创造精神，他的进步的史学思想和严谨的治史方法，使《史记》成为我国史学史上一座巍峨的丰碑，司马迁也赢得了"中国史学之父"的美名。

（二）文学成就

界定《史记》的文学性，必然要触及司马迁的文学观。因为司马迁个人的文学主张，是他进行创作的基准点，挖掘《史记》的文学成就，首先就要总结司马迁的文学思想。

在司马迁的时代，文学实践还不具备产生文学理论家的条件，自然司马迁也不是文学理论家，他没有留下恢弘的文论著作。但是，司马迁在创作实践中，非常重视作品的艺术性，而且不自觉地流露了许多文学主张，所以在我国古代文论发展史上，无可置疑地是一位先驱者。概括地说，司马迁的文学主张，主要有以下几个方面。

西汉时，文学作品都笼统地称为"文章"，作家称"文章家"。《汉书·公孙弘传》就说："文章则司马迁、相如。"宣帝时，"萧望之、梁丘贺、夏侯胜、韦玄成、严彭祖、尹更始以儒术进，刘向、王褒以文章显"。显然，西汉之世，经学儒术与文章文学已经开始独立发展。汉武帝独尊儒术，提倡经学，他同时爱好文学，于是汉赋日益兴盛。但两汉时期文学之士的地位是低下的，就连司马相如也只不过是汉武帝的文学侍从。但司马迁却在《史记》中突显文章家的地位，广载文学作品。司马迁为屈原立传，极力推崇《离骚》，评价它"虽与日月争光可也"。屈原历史地位的确立和《离骚》影响的扩大，是司马迁为之奠定了不朽的功业。他又为司马相如立大传，详载了这位作家的名作，才使得司马相如的赋得以流传。又如李斯的《谏逐客书》《论督责书》、乐毅的《报燕惠王书》、贾谊的《吊屈原赋》《鸟赋》、鲁仲连的《遗燕将书》、邹阳的《狱中上梁王书》等，司马迁都不遗余力地载入传中。司马迁用文学手法写历史，使《史记》文章蔚然可观，这正是他自觉创新、自觉追求的结果。

司马迁之所以重视文学，同他对文学的社会地位及其作用的认识是分不开的。从中国的文化传统来看，从孔子以来，都把文学同社会现实紧密地联系起来，把文学看作是社会现实的反映，文学要服务于现实，反映现实生活，并讥讽时事。《史记》贯穿了近三千年的史事，其中只有一百年左右的汉史，无论篇目还是字数均占了全书一半。从史学角度看，这是详今略古；从文学角度看，则是重点反映现实生活，记载"今汉兴，海内一统，明主贤君忠臣死义之士"

的事迹。司马迁着意刻画的人物，主要是秦汉之际及与作者同时代生活的人。司马迁二十岁时壮游，搜集遗文古事是一个方面，而深入到广阔的现实生活中，体察民情生活则是更主要的方面。像司马迁对水利的考察，对货殖经济的了解，对汉兴风云人物的调查，对民间疾苦生活的反映，都是十分突出的。对于文学的社会作用，司马迁有着充分的认识和阐述。一方面是惩恶劝善的教化作用，另一方面是讽谏刺讥的政治作用。《史记》熔文史于一炉，司马迁讲历史的借鉴作用，同时也讲文学的借鉴作用。他在回答壶遂的提问中，对文史的作用已经作了充分的阐述。

司马迁认为，历史上伟大的文学作品，都是圣贤和志士仁人们不易实现的抱负及郁郁寡欢愤恨现实留下的产物。因此，讥讽当世，也就是文学对现实社会的批判，是文学的重要内容。在《屈原传》里，司马迁对屈原《离骚》以讥世作了具体的分析：这位忠贞正直、远见卓识的爱国之士不为顽固腐朽的贵族势力所容，备受打击、陷害，以致被贬谪、放逐，在悲伤痛苦之中进行创作，以抒发自己的愤恨和不满。指出《离骚》是由于诽谤带来的愤恨而产生的，是作者对当时楚国黑暗政治的深刻批判。他认为像《离骚》这样的作品，是弘扬道德、治理乱世的杰作。可以提高社会道德水平和对治理国家起到借鉴作用，从而提高文学作品的社会意义。

为了体现文学作品的讽谏作用，司马迁强调文学要有艺术性，要有审美价值，注意内容与形式、艺术与人格的统一。在这方面，他提出了一系列独到的见解。一是要求文章要美，包括语言美、形式美。二是要求文章隐约、含蓄。针对现实的文学作品不能锋芒外露，要写得隐约含蓄。

司马迁如此重视文学的社会作用，当然他也反对文学脱离社会现实的弊端，认为作家要像侠士一样发愤著书。司马迁提出发愤著书，是对前人文学思想的继承和发展。他抛弃了屈原作品那种凄恻哀怨的风格，发扬了汉代上升时期那种积极奋发的时代精神。司马迁即使在

最艰难的境况下也要建功立业，名扬后世，做一个顶天立地的"伟丈夫"。在生与死的搏斗中，他悟出了人生的价值："人固有一死，或重于泰山，或轻于鸿毛。"个人的悲剧并没有把他的事业埋葬，为了建功立业，为了完成撰史的宏愿，他把个人的生死祸福置之度外，把怨愤、屈辱强压在心底，他顽强地活下来，默默地工作着，用自己的血和泪，爱和恨，撰写了不朽的《史记》，实现了他人生的价值。

《史记》无论在中国史学史上还是在中国文学史上，都堪称是一座伟大的丰碑。史学方面姑且不论，文学方面，它对古代的小说、戏剧、传记文学、散文，都有广泛而深远的影响。首先，从总体上来说，《史记》作为我国第一部以描写人物为中心的大规模作品，为后代文学的发展提供了一个重要基础。《史记》为中国文学建立了一批重要的人物原型。在后代的小说、戏剧中，所写的帝王、英雄、侠客、官吏等各种人物形象，有不少是从《史记》的人物形象演化出来的。

在小说方面，除了人物类型，它的体裁和叙事方式也受到《史记》的显著影响。中国传统小说多以"传"为名，以人物传记式的形式展开，具有人物传记式的开头和结尾，以人物生平为脉络，严格按时间顺序展开情节，往往有作者的直接评论，这一重要特征，主要是源于《史记》。

在戏剧方面，由于《史记》中记述的故事具有强烈的戏剧性，人物性格鲜明，矛盾冲突尖锐，因而自然而然成为后代戏剧取材的宝库。据傅惜华《元代杂剧全目》所载，取材于《史记》的剧目就有一百八十多种。据李长之统计，在现存的一百三十二种元杂剧中，有十六种采自《史记》的故事，其中包括《赵氏孤儿》这样具有世界影响的名作。到后来的京剧中，仍然有许多是取材于《史记》的，如众所周知的《霸王别姬》等。

在传记文学方面，由于《史记》的纪传体例为后代史书所继承，由此产生了大量的历史人物传记。虽然，后代史书的文学性不如《史记》，但其数量浩如瀚海，如果将其中优秀传记提取出来，也是极为可观的。此外，史传以外的别传、家传、墓志铭等各种形式的传记，也与《史记》所开创的传记文学传统有渊源关系。

（三）　司马迁的地位和影响

司马迁的一生全部贡献给了《史记》，从古至今司马迁和《史记》已成为一个不可分割的整体。评价司马迁在中国和世界文化思想史上的地位和影响，也就是评价《史记》的地位和影响。《史记》是一部空前的历史巨著，也是一部杰出的纪传体文学名著，司马迁集史学家、文学家、思想家于一身，在中国古代史上是前无古人、后无来者的，在世界古代史上也是罕见的天才。

作为历史学家，司马迁的《史记》被誉为"史家之绝唱"，在我国古代史学史上树立了一座巍峨的丰碑。司马迁的《史记》，是对先秦史籍和文献做的一个总结，为后来的史学发展提供了范例，而且开拓了广阔的领域，奠定了其在史学中的独立地位。

中国史学源远流长，据文献记载，商、周时代，王室有史官。左史记言，右史记事，所以我国古代史籍产生很早。《尚书·多士》篇说："殷先人有册有典。"《墨子》书中记载有"百国春秋"。《国语·楚语上》记载申叔时为楚太子所开列的学习书目有九种，其中春秋、世、语、故志、训典等五种就是历史典籍。这些典籍都没有流传下来，今天能够看到的先秦史籍尚有《尚书》《逸周书》《春秋》《左传》《国语》《周礼》《仪礼》《世本》《竹书纪年》《战国策》《山海经》等。司马迁当时能看到的毫无疑问比现在要多得多，可以说，正是司马迁

在我国古代这块史学沃土上辛勤耕耘，才产生了《史记》这朵史学奇葩。

作为文学家，司马迁开创了散文叙事的传记文学，《史记》遗泽后世，成为历代文学大家和千万读者学习、借鉴的典范。《史记》对后世传记文学、散文、小说、戏曲都产生了深远的影响。影响最直接的是散文。司马迁的散文成就，不仅代表了汉代文学的高峰，而且在散文发展史上，也起着承前启后的作用。

汉代文学有影响的领域有四个方面：一是汉赋，二是散文，三是乐府民歌，四是文人五言诗。而最为突出的领域和文学大家是以司马相如为代表的汉赋，以及以司马迁为代表的史传散文。人们往往将司马相如与司马迁并称，说"文章西汉两司马"。汉赋在两汉文坛，尤其在西汉武帝时代占有统治地位，汉武帝以及诸侯梁孝王就是汉赋的爱好者、推广者。正因为如此，汉大赋在内容上一味歌功颂德，点缀升平，它所描写的对象主要是宫室苑囿、京都田猎等一类东西；在形式上一味铺陈排比，写物图貌，它偏离了文学，以写人为宗旨，而且未能反映广阔的社会生活。司马相如赋就是典型的代表。经过历史的检验，真正代表汉代文学高峰的不是写《子虚赋》《上林赋》的司马相如，而是司马迁。在文学发展史上，文章家司马迁应和大诗人屈原并列。屈原的《楚辞》代表了先秦文学的最高峰，司马迁史传散文代表了汉代文学的最高峰，两人前后辉映，各自成为一个时代的代表人物。屈原和司马迁两人，不仅身世遭遇有共同之处，而且两人的作品强烈地反映了现实生活，他们都鞭笞腐朽和黑暗，同情被压迫人民，同时又具有浪漫主义情怀，歌颂理想，抒写人生。所以鲁迅称《史记》为"无韵之离骚"，是极为中肯的。

唐宋八大家是我国古典散文的杰出代表，他们反对六朝柔弱的文风，提倡古文，把《左传》《史记》当做旗帜。《左传》散文叙事有具体的过程，而且富有文学性，在散文史上是一个发展。但《左传》散文以记事为主，还缺乏人物形象的塑造，又受到解经编年的限制，还没有充分发挥出散文完整叙事的特点。《史记》散文广泛吸收先秦诸子散文与《左传》《国语》《战国策》等叙事散文的特长，创造出了《史记》独有的史传文学，把散文的发展推向了一个新的高峰。唐代古文运动的先驱者独孤及说："荀、孟朴而少文，屈、宋华而无根。有以取正，其贾生、史迁、班孟坚云尔。"这是说司马迁的文章比荀子、孟子更富有文采，又没有屈原、宋玉"华而无根"的弊病。

从写人的文学角度看，司马迁创造了史学与文学高度统一的传记文学。因此，《史记》不仅影响了后世史传、杂传的写作，也深深地影响了后世小说和戏剧的创作。司马迁是人物形象创作典型化的奠基人。只要提起司马迁，人们的脑际就会浮现出屈原、魏公子、廉颇、蔺相如、项羽、刘邦、张良、韩信、樊哙、李广，以及荆轲、聂政、朱家、郭解等一系列英雄人物形象。司马迁"以文运事"的写人艺术，直接影响了"因文生事"的后世小说，使中国小说具有不同于西方小说的独立特点。中国小说故事性强，开头结尾与情节结构都带有史传的特点，这是受《史记》影响的结果。反过来说，《史记》中的若干篇章仿佛就是生动的历史小说。

由上所述，在中国文学发展史上，司马迁是当之无愧的杰出的文学家。他创作的《史记》传记文学，具有多方面的文学价值，是中国古典文学中无与伦比的精品。

作为思想家，司马迁具有崇高的人格和创新的精神。他的崇高人格和创新精神，主要表现在以下三个方面：一是忍辱负重，发愤著书，实现了"成一家之言"的理想；二是勇于探索和创新，创作了划时代的纪传体通史，用以汲取成败兴亡之理，志古自镜；三是严格地忠实于信实可靠的历史，不与圣人同是非。这些精神和品格，都是值得我们继承和发扬的。司马迁忍辱发愤，

实现了"成一家之言"的理想，为人们树立了以立名为核心思想的进步的荣辱观和生死观，对后世产生了深远的影响。北齐颜之推在《颜氏家训·名实》篇中说："劝其立名，则获其实。且劝一伯夷，而千万人立清风矣；劝一季札，而千万人立仁风矣；劝一柳下惠，而千万人立直风矣。"这是说，杰出人物的修身立名可以影响一代人的风气。在封建社会，个人的修身立名是一种积极进取的人生观。"青史留名"，不仅是古代志士仁人奋斗和追求的目标，而且普通老百姓都懂得"青史留名"的深刻意义。南宋民族英雄文天祥在《过零丁洋》诗中曾写下"人生自古谁无死，留取丹心照汗青"的豪迈诗句，至今仍是激励人们奋斗的座右铭，可以说这就是司马迁名重泰山的立名精神。明代柯维骐效法司马迁发愤修史，竟然自处宫刑，其行为固然可笑，但也说明了司马迁忍辱发奋的精神对后世产生了强烈的影响。作为思想家，司马迁的伟大，更体现在他在创作实践中不断创新和开拓的精神。司马迁非常尊敬他的父亲，也无限推崇孔子，但是他并不墨守父训和死抱经文。他的创新精神突破了父亲的规划和圣人的遗则。可以说，创新既是司马迁品格的集中反映，也是《史记》的最大成功。《史记》之所以是一部划时代的伟大著作，用最简练的语言来概括，就是这部巨著从内容到形式都有划时代的创新。

司马迁之所以能够创新，主要是他立意高远，能够坚持实录的写作精神，"究天人之际，通古今之变，成一家之言"，拿出自己独到的见解来回答历史是怎样变化发展的，所以他才能"不与圣人同是非"，突破了旧的思想传统和官方哲学的框架。这种创新思想，集中地表现在赞扬道家以及为商人、游侠立传这几个方面。班固批评说："是非颇缪于圣人，论大道则先黄老而后六经，序游侠则退处士而进奸雄，述货殖则崇势利而羞贱贫，此其所蔽也。"班固所批评的所谓太史公三失之"蔽"，恰恰是司马迁思想中光彩夺目之"长"。司马迁"论大道则先黄老而后六经"，是肯定文景之治的升平而否定汉武帝的多欲所造成的

中国古代著名文臣

衰败；述货殖为商人立传，是肯定商人促进生产发展，对社会经济的繁荣所作的贡献；颂游侠，是肯定这一类人能够牺牲自己、救人之急的道德品质。实际上，司马迁是通过颂黄老、商人、游侠来表达他对开明政治的向往，对人民求利和反强暴的肯定。这些思想正体现了《史记》褒贬人物和历史事件的尺度是不受统治阶级正统思想约束的，而是在一定程度上从被压迫人民的利益角度来立论，这无疑是那个时代最进步的思想。

总之，司马迁创造了百科全书式的"纪传体通史"。这不仅仅是史学发展史上一次划时代的创新，而且在文学史和思想史上也树立了一座里程碑。从司马迁立言角度来看，五体结构的纪传体，乃是"一家之言"的表述形式；而贯通百家学说以建立统一的新思想体系，就是"一家之言"的内容。因此，司马迁的思想体系不是思辨哲学，而是经世致用地总结历史经验，在述往事、思来者中形成"一家之言"。由于司马迁的"一家之言"融会贯通了百家学说，所以它是相对"独尊儒术"思想体系发出的异端思想。这一异端思想，使司马迁突破了正统和愚忠的思想束缚，敢于实录历史，讥讽君王，非议圣人，反对暴政，同情人民的苦难，并在《史记》中突出了重视人民力量的思想，这些就是《史记》的人民性思想成分。司马迁的"一家之言"是我国古代异端史学的优秀传统，是应该肯定的。

有人把司马迁和《史记》视为一个光辉的榜样，司马迁以其顽强的精神、杰出的才华、辉煌的成就，无论是学术贡献，还是人格、风格，都为后人树立了光辉的榜样，激励和哺育着一代又一代学者奋发图强，积极进取，谱写中华文化的锦绣篇章。

有人把司马迁和《史记》视为一座明亮的灯塔，它以智慧和生命之光，明亮了历代学者前进的道路，也照亮了他们的心。

作为丰碑、榜样、灯塔，不光是对史学、文学

史家第一——司马迁

187

而言，不光是囿于文人学士，司马迁以拥抱整个民族文化的宽广胸怀，勇于探索，忍辱负重，顽强追求，继承和发展民族文化，成为民族文化的杰出代表。司马迁的这种精神，体现了我们民族自强不息的斗争精神，司马迁的成就就是我们民族的成就，他的《史记》属于整个民族。《史记》博大精深，几乎囊括了当时人类思想、活动的全部内容，是一部集先秦汉初文化之大成的百科全书，汉代以来我国历史上的各朝各代，包括政治、经济、法律、军事、哲学、历史、文学、艺术、天文、历法、民族、医学等各个领域的学者，差不多都受过司马迁及其《史记》的深刻影响。

司马迁给后人留下了一份传世不朽的文化遗产，也为后人树立了一个百折不挠、忠于事业和理想的榜样。这两点，都嘉惠后人，光照千古，照亮了中国文化发展的道路。